I0225001

DELTA**BLUES** **SLIDE**GITARRE

Ein vollständiger Leitfaden für authentische akustische Blues Slide-Gitarrentechnik

LEVI**CLAY**

FUNDAMENTAL**CHANGES**

Delta Blues Slide-Gitarre

Ein vollständiger Leitfaden für authentische akustische Blues Slide-Gitarrentechnik

ISBN: 978-1-78933-138-7

Veröffentlicht von **www.fundamental-changes.com**

Copyright © 2018 Levi Clay

Das moralische Recht dieses Autors wurde geltend gemacht.

Alle Rechte vorbehalten. Kein Teil dieser Publikation darf ohne vorherige schriftliche Genehmigung des Herausgebers vervielfältigt, in einem Abrufsystem gespeichert oder in irgendeiner Form und mit irgendwelchen Mitteln übertragen werden.

Der Herausgeber ist nicht verantwortlich für Websites (oder deren Inhalte), die nicht dem Herausgeber gehören.

www.fundamental-changes.com

Über 10.000 Fans auf Facebook: **FundamentalChangesInGuitar**

Instagram: **FundamentalChanges**

Für über 350 kostenlose Gitarrenlektionen mit Videos besuche

www.fundamental-changes.com

Titelbild reproduziert mit freundlicher Genehmigung von Manny Ruiz

Mit besonderem Dank an Marco Di Palo für die wertvolle redaktionelle Mitarbeit.

Inhaltsverzeichnis

Einführung

Die Geschichte und Entwicklung der Slide- oder Bottleneck-Gitarre kann über 100 Jahre auf mehreren Kontinenten zurückverfolgt werden. Die Grundidee zeigt sich im „Diddley Bow" im frühkolonisierten Amerika. Westafrikanische Sklaven spannten dafür eine einzelne Saite über ein Holzbrett und verwendeten eine Glasflasche als Steg. Ein Stück Metall wurde dann gegen die Saite gedrückt, um die Tonhöhe zu verändern.

Ähnlich wie die spanische Gitarre auf dem Weg nach Hawaii, begann die einheimische Bevölkerung die Saiten auf einen offenen Akkord umzustimmen (allgemein als Slack-Key-Gitarre bezeichnet). Später wurde die Gitarre auf dem Schoß gespielt und man benutzte einen Stahlstab, um die Saiten zu greifen. Dieser hawaiianische Steel-Gitarren-Sound verbreitete sich schnell, wobei Innovatoren wie Joseph Kekuku Anfang 1900 damit sehr bekannt wurden.

Mit der Zeit begannen die Künstler im Mississippi-Delta andere harte Gegenstände – wie Messer, Medizinflaschen, Kupferrohre und die Hälse von Glasflaschen (Bottlenecks!) – als Werkzeuge zu verwenden, um mit ihrem Instrument einen ausdrucksstärkeren Klang zu erzeugen. Mit einem Slide konnten sie die Art und Weise, wie die menschliche Stimme sanft von einer Tonhöhe zur anderen gleitet, noch besser nachahmen und alle Mikrotöne einfangen, die zwischen dem etablierten Zwölfton-Pitchsystem des Westens liegen.

Die ersten Aufnahmen dieses Stils wurden 1923 von Sylvester Weaver gespielt. Sein *Guitar Rag* und *Guitar Blues* beeinflussten die sich entwickelnde Blues-Szene im Mississippi-Delta stark, zusammen mit der Musik vieler reisender Musiker, die nicht das Glück hatten, aufgenommen zu werden. Aus dieser Szene gingen Ikonen wie Robert Johnson, Son House und Bukka White hervor, die alle von Fans und Historikern gleichermaßen respektiert werden.

Im Laufe der Zeit begann sich die Blues-Szene auf Rock, Jazz und andere Stile zu konzentrieren, die in den Tanzsälen populär wurden. Erst als junge Musiker in Großbritannien begannen, importierte Platten aus dem Delta in die Finger zu bekommen, eroberte der Blues explosionsartig die Welt im Sturm. Obwohl die großen Namen des britischen Blues wie Peter Green, Eric Clapton, Jeff Beck, Jimmy Page usw. nicht gerade für ihr Slide-Spiel bekannt sind, wurden sie zweifellos davon beeinflusst und griffen es von Zeit zu Zeit auf.

Dieses Buch wird sich auf den Delta-Blues-Stil vor dem Aufstieg der Verstärker und des E-Gitarren-Solos konzentrieren, aber es ist erwähnenswert, dass die Slide-Gitarre nie ausgestorben ist. Während es immer noch einige unglaubliche Musiker wie Keb' Mo' gibt, die den ursprünglichen Delta-Geist am Leben erhalten, wurde die Slide-Gitarre von Ry Cooder, Derek Trucks, Sonny Landreth und Bonnie Raitt zu außergewöhnlichen Höhen gebracht. Slide-Gitarre ist auch auf legendären Aufnahmen von Led Zeppelin, Derek und den Dominos, The Allman Brothers Band und The Beatles zu hören.

Es ist kein Geheimnis, dass Blues-Puristen sehr genau in ihrem Fachgebiet sind, daher ist es wichtig zu klären, dass sich dieses Buch auf die Delta-Blues-Wurzeln konzentriert. Aus diesem Stil entwickelten sich die verschiedenen amerikanischen Blues-Subgenres, darunter Chicago Blues, Country Blues, Texas Blues, Jump Blues und mehr, bis hin zum British Blues Revival der 1950er Jahre.

Dieses Buch zielt also darauf ab, die Delta-Musik so authentisch wie möglich zu spielen. Du wirst hier nicht viele zwölftaktige Blues-Sequenzen finden. Es ist kein Lickbuch und es ist wichtig, dass du die Essenz des Delta-Sounds verstehst, bevor du dich in die Materie stürzt. Alte Delta-Musik wurde normalerweise von einem einzigen Musiker gespielt, der Riff-basierte, repetitive Figuren auf der Gitarre benutzte, um seinen Gesang zu begleiten. Alle Licks, die ebenso repetitiv und funktional waren, waren einfach nur Fills zwischen den Rhythmus-Gitarrenparts.

Bevor du anfängst, höre dir die unten aufgeführten Künstler an und stelle sicher, dass du mit ihrer Musik und ihrem Stil vertraut bist.

Wenn du ein Buch über das 12-taktige Slide-Gitarrenspiel im Stil von Duane Allman oder Derek Trucks erwartest, dann schaue jetzt weg (*Look Away!*), um es mit den Worten von Lemony Snicket zu sagen. Dieses Buch ist eine Reise zu den ersten Spuren des Blues, die fast 60 Jahre bevor ihn Led Zeppelin und Eric Clapton den Massen zugänglich machen sollten, auftauchten und die bereits Jahrzehnte bevor er 1920 erstmals aufgenommen wurde, vorhanden waren.

Eine letzte Sache, die man beachten sollte: Dieser Stil wurde durch die Musik verarmter Afroamerikaner populär gemacht, die über die unglaublichen Schwierigkeiten sangen, denen sie und ihre Eltern ausgesetzt waren und die noch immer andauern. Ich sage nicht, dass man ein echtes Verständnis der Sklaverei haben muss, um den Blues zu „verstehen", aber es ist wichtig zu wissen, dass die Leute, die diese Musik spielten, keine Akademiker waren. Sie hatten wenig Zugang zur Bildung, wenn überhaupt, und noch weniger, wenn es um Musik ging. Um also etwas vermitteln zu können, müssen wir es in einzelne Konzepte und Ideen aufschlüsseln und ein Teil des Materials in diesem Buch muss im Sinne der „westlichen" Musiktheorie analysiert werden, damit ich erklären kann, was vor sich geht und wie man es nachempfinden kann.

Theorie ist etwas, das aufgeschrieben wird, *nachdem* die Musik gemacht wurde, damit wir sie anderen erklären können. Es ist einfach eine Art, über Sound zu sprechen. Ich benutze einfache Musiktheorie in diesem Buch, um mit dir darüber zu kommunizieren, wie man Delta-Musik auf deiner Gitarre nachspielt, und es ist nicht meine Absicht, die Wurzeln des Blues in ein starres, akademisches Konstrukt zu zwingen. Sobald ich beschrieben habe, was in der Musik vor sich geht, versuche bitte, den *Klang* und *das Gefühl* der Beispiele zu verinnerlichen und vergiss so viel wie möglich von dem akademischen „Beiwerk". Daher ist es so wichtig, die Audiobeispiele herunterzuladen und sich anzuhören.

Bei diesem Stil geht es nicht darum, Theorie zu lernen und anzuwenden und er kann niemals auf eine kalte, klinische Weise behandelt werden. Es geht um die Einstellung und das Spielen aus dem Herzen. Also nicht zu viel nachdenken, sondern einfach spielen!

Levi

Hörempfehlung:

- Sylvester Weaver – Complete Recorded Works in Chronological Order Volume 1

- Robert Johnson – The Complete Recordings

- Son House – Son House Library of Congress Recordings 1941 – 1942

- Bukka White – High Fever Blues: The Complete 1930 – 1940 Recordings

- Blind Willie Johnson – The Spiritual Blues

- Blind Willie McTell – King Of The Serpent Blues

- Tampa Red – You Can't Get That Stuff No More

- Charley Patton – The Definitive Charley Patton

- Blind Boy Fuller – Get Your Yas Yas Out

- Leadbelly – The Very Best of Leadbelly

- Elmore James – The Sky Is Crying

- Muddy Waters – The Chess Singles Collection

- Lightnin' Hopkins – Dirty House Blues

Hol dir das Audio

Die Audiodateien zu diesem Buch stehen unter **www.fundamental-changes.com** zum kostenlosen Download zur Verfügung. Der Link befindet sich oben rechts in der Ecke. Wähle einfach diesen Buchtitel aus dem Dropdown-Menü aus und folge den Anweisungen, um das Audio zu erhalten.

Wir empfehlen dir, die Dateien direkt auf deinen Computer herunterzuladen, nicht auf dein Tablet, und sie dort zu extrahieren, bevor du sie zu deiner Medienbibliothek hinzufügst. Du kannst sie dann auf dein Tablet, deinen iPod legen oder auf CD brennen. Auf der Download-Seite gibt es ein Hilfe-PDF und wir bieten auch technischen Support über das Kontaktformular an.

Für über 350 kostenlose Gitarrenlektionen mit Videos siehe unten:

www.fundamental-changes.com

Über 11.000 Fans auf Facebook: **FundamentalChangesInGuitar**

Instagram: **FundamentalChanges**

Kapitel Eins – Slides und Gitarren-Setup

Ich bin sicher, dass du begierig darauf bist, zur Musik zu kommen, aber es ist wichtig, mit einigen Anmerkungen zu Equipment und Technik zu beginnen. In den ersten vier Kapiteln besprechen wir das beste Setup für die Slide-Gitarre, wie du eine Note im Einklang mit der richtigen *Intonation* spielst, wie du dich zwischen den Noten bewegst und schließlich eine der wichtigsten Spieltechniken: das *Vibrato*. Das Vibrato ist ein unverzichtbares Werkzeug für jede Art von Slide-Gitarrenspiel und einer der wichtigsten Faktoren, um einen authentischen, angenehmen Klang zu erzeugen.

Slide-Wahl

Es gibt endlose Diskussionen darüber, welches Material am besten für einen Gitarren-Slide geeignet ist. Letztendlich sollte entscheidend sein, was dir den gewünschten Klang gibt.

Die beiden gebräuchlichsten Materialien sind Glas und Metall. Ich habe eine Sammlung von Slides aus vielen Materialien, darunter Glas, Keramik, Messing und Stahl. Sie alle haben einen unterschiedlichen Klang und ich benutze sie für verschiedene Dinge. Ich persönlich mag schwerere, dickere Slides mehr, deshalb bevorzuge ich Messing oder Glas. Messing-Slides neigen dazu, mehr Höhen in ihrem Ton zu haben und sind, da sie selten so glatt wie Glas sind, etwas lauter - ideal für einen traditionellen Delta-Sound.

Die meisten der Aufnahmen, die diesem Buch beigefügt sind, wurden mit einem Dunlop 222 Medium Messing-Slide aufgenommen. Er ist nichts Besonderes, aber er erledigt den Job. Wenn du etwas Außergewöhnlicheres wünschst, bietet The Rock Slide (www.therockslide.com) eine große Auswahl an Slides aus verschiedenen Materialien und mit Features wie kegelförmigen Interieuren und Finger-Ablagen. Sie werden auch persönlich empfohlen!

Gitarren-Setup

Wenn es um das Slide-Spiel geht, ist der Hauptfaktor, um es so einfach wie möglich auszudrücken, dein Gitarren-Setup. Die Essenz der Slide-Technik besteht darin, den Slide gegen die Saiten zu drücken, so dass er wie ein Bund wirkt. Wir wollen Situationen vermeiden, in denen der Slide durch den Druck auf die Saite Kontakt mit dem Griffbrett aufnimmt. Eine höhere Saitenlage wird das Spielen von Slide-Gitarre viel einfacher machen.

„Saitenlage" bezieht sich auf die Entfernung deiner Saiten vom Griffbrett. Eine geringere Saitenlage führt zu weniger Aufwand beim Greifen einer Note, aber der Nachteil besteht darin, dass kleinere Unstimmigkeiten in der Griffhöhe dazu führen können, dass die Saiten beim Zupfen gegen die Bünde geraten und surren. Eine höhere Saitenlage bedeutet, dass wir etwas mehr Kraft aufwenden müssen, um sie zu spielen, aber im Allgemeinen führt dies zu einem reineren Klang des Instruments.

Bei den meisten E-Gitarren gibt die Möglichkeit, die Saitenlage am Steg zu erhöhen, aber das hat einen größeren Einfluss in höheren Lagen des Griffbretts und weniger in der Nähe des Sattels. Für eine optimale Einstellung kannst du einen neuen Sattel in Betracht ziehen, der etwas höher ist als die werkseitige Einstellung. Das ist nicht unbedingt notwendig (ich habe persönlich nie den Sattel meiner E-Gitarren gewechselt), aber es kann helfen, wenn du dich an die Leichtigkeit der Berührung gewöhnen musst, die für diese Technik erforderlich ist.

Akustik- oder Resonatorgitarren kommen in der Regel mit einem höheren Setup als E-Gitarren vom Werk, so dass, falls du eine verwendest, das höchstwahrscheinlich schon passen wird. Vergiss jedoch nicht, dass die Feinabstimmung deines Gitarren-Setups dazu beitragen kann, deinen Spielstil zu verbessern.

Die meisten Gitarristen werden den Slide in Verbindung mit gegriffenen Noten verwenden, so dass deine Saitenlage nicht so hoch sein sollte, dass es eine Herkulesaufgabe wird, Noten weiter unten zu greifen. Wenn du hingegen nur den Slide verwenden möchtest, gibt es einige großartige Produkte wie den Grover Perfect Nut. Dies ist ein Sattelabdeckung aus Metall, die über dem vorhandenen Sattel angebracht wird, um die Saitenlage deiner Saiten auf Lap-Steel-Höhe anzuheben.

Anspielen der Saiten

Dann stellt sich die Frage, wie du deine Spielhand verwendest. Es ist möglich, ein Plektrum zu verwenden, aber die Verwendung von Daumen und Fingern ermöglicht es uns, viel mehr Kontrolle über Techniken wie das Dämpfen der Saiten und Kontrolle über den erzeugten Ton zu haben. Beim Spielen von Fingerstyle ist es möglich, die Fingerkuppen oder eine Kombination aus Daumen- und Finger-Plektren zu verwenden. Auch hier kommt es auf Klang und Gefühl an. Die Verwendung einer beliebigen Art von Plektrum gibt dir einen helleren Klang jeder Note, was für deine persönlichen Ziele wünschenswerter sein kann oder auch nicht. Wie auch immer, experimentiere und scheue dich nicht, dich an das zu halten, was für dich funktioniert.

Als Referenz habe ich den größten Teil der Audiobeispiele für dieses Buch mit einer Tanglewood TMR Tricone Resonatorgitarre aufgenommen. Der schwere Stahlkörper ergibt einen wunderbar einzigartigen Klang, der auf einer traditionellen Stahlsaitengitarre schwer zu erreichen ist. Die Gitarre wurde mit D'Addario .013 - .056 Gauge 80/20 Bronze-Saiten bespannt und mit Shure SM57 und SM7b Mikrofonen aufgenommen.

Tragen des Slides

Obwohl es möglich ist, jede der Ideen in diesem Buch an die Verwendung eines Steel Bars anzupassen, wird davon ausgegangen, dass 99 % der Leser mit einem Slide spielen werden, der so konzipiert ist, dass er auf einen Finger gelegt werden kann. Das erste Dilemma, mit dem es ein aufstrebender Slide-Gitarrist dann zu tun hat, ist, auf welchen Finger er ihn legen soll! Aus Gründen, die sich beim Einstieg in die Übungen zeigen werden, ist der Zeigefinger keine gute Wahl. Es bleiben also Mittel-, Ring- und kleiner Finger. Ich könnte bedeutende Gitarristen als Beweis für die jeweilige Überlegenheit jedes einzelnen Fingers nennen, aber die Wahrheit ist, dass es keinen eindeutigen Gewinner gibt. Jede Option hat ihre Vor- und Nachteile und du wirst dich schnell mit jeder Option vertraut machen.

Die vernünftigste Option ist, den Slide an jedem Finger auszuprobieren und mit demjenigen zu spielen, der sich am natürlichsten anfühlt. Ich würde vorschlagen, dass für den Delta-Blues-Stil der kleine Finger wahrscheinlich die klügste Wahl ist. Drei Finger bleiben frei, um bei Bedarf andere Aufgaben auszuführen.

Ich selbst habe mit dem Slide auf meinem Ringfinger gelernt und bin dann über viele Jahre zu meinem Mittelfinger gewechselt. In den letzten 18 Monaten habe ich versucht, meinen kleinen Finger zum Standard zu machen. Nichts ist in Stein gemeißelt und sobald du die Technik des Slides verstehst, solltest du die Anpassung relativ einfach finden.

Stimmung

Die letzte Überlegung für den angehenden Slide-Gitarristen ist die Stimmung der Gitarre selbst. Slide-Gitarre in Standardstimmung zu spielen ist durchaus möglich, aber für den Anfänger eine kniffligere Sache, da man mit dem Slide über den Saiten nicht alle sechs Saiten auf einmal spielen und damit einen angenehmen Klang erzeugen kann. Aus diesem Grund entschieden sich frühe Bluesmusiker für die klassischen *slack-key* Open Tunings (offene Stimmungen), bei denen die sechs Saiten auf die Noten eines Akkords gestimmt sind. Auf diese Weise sind beim Anschlagen alle Noten auf einer passenden Tonhöhe.

Während es möglich ist, in vielen verschiedenen Open Tunings kompetent zu werden, ist es für Gitarristen üblicher, sich für eine zu entscheiden und diese wirklich zu meistern. In diesem Buch werden wir uns hauptsächlich auf Open D konzentrieren, aber wir werden uns auch mit Open G beschäftigen. Dies sind zwei der beliebtesten Stimmungen unter Delta-Blues-Musikern.

„Open D"-Stimmung bedeutet, dass die Saiten auf die Töne eines D-Dur-Akkords gestimmt sind. D-Dur enthält die Noten D, F# und A. Du kannst deine Gitarre folgendermaßen auf Open D stimmen:

- Beginne mit der Standardabstimmung – E A D G B E

- Stimme die tiefe E-Saite einen Ganzton nach unten auf D.

- Die A-Saite bleibt gleich (bereits in einem D-Dur-Akkord enthalten).

- Die D-Saite bleibt gleich (bereits in einem D-Dur-Akkord enthalten).

- Stimme die G-Saite einen Halbton nach unten auf F#.

- Stimme die B-Saite einen Ganzton nach unten auf A.

- Stimme die hohe E-Saite einen Ganzton nach unten auf D.

Auf diese Weise hast du die Gitarre auf Open D gestimmt - D A D F# A D

Es lohnt sich, dies zu üben, indem man eine Gitarre mit Standardstimmung nimmt, sie dann so stimmt, dass sie Open D ergibt und sie dann mehrmals in die Standardstimmung zurückführt. Auf diese Weise erhältst du ein Verständnis dafür, was der Stimmungs-Name bedeutet und wie man darauf umstimmt.

Hier ist ein Beispiel für die sechs Saiten, die auf Open D gestimmt sind, einzeln gespielt und dann als Akkord.

Beispiel 1a:

Nun, da du verstehst, wie man auf Open D stimmt, sollte Open G ziemlich einfach zu stimmen sein.

Ein G-Dur-Akkord enthält die Noten G, B und D.

- Beginne mit der Standardstimmung - E A D G B E

- Stimme die tiefe E-Saite einen Ganzton nach unten auf D.

- Stimme die A-Saite einen Ganzton nach unten auf G.

- Die D-Saite bleibt gleich (bereits in einem G-Dur-Akkord enthalten).

- Die G-Saite bleibt gleich (bereits in einem G-Dur-Akkord enthalten).

- Die B-Saite bleibt gleich (bereits in einem G-Dur-Akkord enthalten).

- Stimme die hohe E-Saite einen Ganzton nach unten auf D.

Du hast jetzt auf eine Open G-Stimmung gestimmt - D G D G B D.

Beispiel 1b:

Mit diesem Wissen sollte es möglich sein, deine Gitarre auf fast jeden Akkord zu stimmen, indem du die Noten dieses Akkords nimmst und deine Saiten auf die jeweils nächstgelegene Tonhöhe stimmst. Zum Beispiel enthält ein E-Dur-Akkord die Noten E, G# und B, also ist die offene E-Stimmung E B E G# B E, und so weiter.

Es gibt keine Regeln für Stimmungen, nur das, was gebräuchlich ist. Wenn man jemanden so etwas wie „Ich stimme auf Open C" sagen hört, könnte das für verschiedene Menschen unterschiedliche Dinge bedeuten. Viele Gitarristen würden annehmen, dass es C G C G C E bedeutet, aber ich kann mir andere vorstellen, die auf C G C E G C stimmen. Beide sind durchaus gültige „offene C"-Stimmungen.

Aufgrund dieser möglichen Stimmungsvarianten habe ich mich entschieden, mich in diesem Buch auf die Saitennummer zu beziehen und nicht auf die Note, auf die sie gestimmt ist. Auf diese Weise gibt es keine Verwirrung beim Umschalten zwischen den Stimmungen. Die Bezeichnung „F#-Saite" in Open D finde ich verwirrend und ich spiele schon sehr lange!

In diesem Buch wird die höchstgestimmte Saite als „erste Saite" bezeichnet, die nächste als „zweite", dann die „dritte" und so weiter.

Kapitel Zwei – Mit dem Slide spielen

In diesem Abschnitt erfährst du, wie du eine hervorragende Slide-Technik erwirbst und wie du saubere, anhaltende Noten erzeugen kannst. Die Lektionen hier wirken sich auf jede einzelne Note aus, die du spielen wirst, also arbeite dich langsam durch jedes Beispiel und versuche, deinen Sound an die herunterladbaren Audiobeispiele anzupassen.

Das erste, was man verstehen muss, ist, wie man mit dem Slide eine Note erzeugt und sich zu vergewissern, dass sie die richtige Tonhöhe hat. Um dies zu erreichen, müssen wir genau verstehen, was der Slide macht und wie er eine Tonhöhe erzeugt.

Als ich anfing, Slide zu spielen, nahm ich an, dass man den Slide benutzt, um die Saite nach unten zu drücken, als Alternative zum greifenden Finger. Das könnte nicht irreführender sein!

Beim Greifen einer Note drücken wir die Saite nach unten, so dass sie mit dem Bundstäbchen in Berührung kommt. Die Saite schwingt dann vom Bund bis zum Steg. Je kürzer dieser Abstand, desto schneller schwingt die Saite und desto höher ist die Tonhöhe. Wenn wir eine Note mit einem Finger greifen, können wir überall zwischen zwei benachbarten Bundstäbchen Druck ausüben, und die Saite berührt den Bund. Aber wenn wir den Slide verwenden, muss er genau über dem Bundstäbchen platziert werden.

Die Verwendung eines Slides ist wie die Steuerung eines beweglichen Bunds. Der Slide nimmt Kontakt mit der Saite auf und übt genügend Druck aus, damit die Saite zwischen dem Slide und dem Steg schwingt. Ich sage es noch einmal: Damit ein Ton die richtige Höhe hat, muss der Slide *genau* über den Bund gelegt werden.

In Beispiel 2a spiele ich die hohe D-Saite offen, dann greife ich mit dem Slide den zwölften Bund – dem D eine Oktave höher. Um den Ton richtig zu treffen, muss der Slide genau dort positioniert werden, wo die Saite den Bund berühren würde.

Beispiel 2a:

Höre dir nun Beispiel 2b an. Es ist auf die gleiche Weise notiert, aber auf dem Audio habe ich den Slide auf halbem Weg zwischen den Bünden positioniert.

Beispiel 2b:

Nun werde ich darauf eingehen, wie ich diese Note mit dem Slide verbinde und was meine anderen Finger tun. Beim Spielen mit einem Slide ist es möglich, dass die Saiten zwischen dem Slide und dem Steg *sowie* dem Slide und dem Sattel schwingen können. Diese Nebenschwingungen können gelegentlich sehr wirkungsvoll eingesetzt werden, sind aber in 99 % der Fälle unerwünscht. Daher ist es wichtig, die Finger hinter dem Slide als Dämpfer zu verwenden, indem man sie auf den Saiten ablegt, um unerwünschte Vibrationen zu vermeiden.

Hier ist ein exemplarischer Akkord, der am zwölften Bund gespielt wird. Ich spiele ihn zweimal ohne Dämpfen, dann dämpfe ich zweimal die Saiten hinter der Slide.

Beispiel 2c:

In diesem Fall sind die Nebenschwingungen absolut fein, da der Akkord am zwölften Bund – dem Mittelpunkt des Halses – gespielt wird, so dass die Saite vor und hinter der Saite die gleiche Frequenz erzeugt.

Höre dir nun diese gleiche Übung mit einem Akkord an, der am 8. Bund gespielt wird. Der Akkord ist tiefer, aber die Saiten, die hinter dem Slide vibrieren, sind höher in der Tonhöhe und kollidieren mit den Noten, von denen wir möchten, dass sie das Publikum hört. In diesem Fall ist ein Dämpfen unerlässlich.

Beispiel 2d:

Das Dämpfen hinter dem Slide ist eine grundlegende Technik. Es ist keine Regel, und einige Gitarristen würden es unterlassen, aber das Dämpfen gibt dir einen saubereren, fokussierteren Sound. Nicht zu dämpfen führt zu einem raueren, ungeschliffeneren Sound. Beim Musizieren geht es aber darum, sich selbst auszudrücken, und es ist toll, alle Werkzeuge zur Verfügung zu haben.

Jetzt verstehst du, wie du Noten in der richtigen Tonhöhe spielst. Der nächste Schritt ist, eine Kombination von Noten zu spielen.

Beispiel 2e bewegt sich zwischen dem zwölften und zehnten Bund. In diesem Stadium geht es uns vor allem um die Tonhöhengenauigkeit der Noten. Höre dir das Audiobeispiel an und achte auf den Klang. Spiele die erste Note zweimal und bewege dich dann zur nächsten Note, indem du den Slide von der Saite hebst. Verwende dabei die Spielhand, um die Saite zu dämpfen, so dass der Übergang sauber ist.

Beispiel 2e:

Hier ist ein weiteres Beispiel, diesmal die volle D-Moll-Pentatonik-Tonleiter (D F G A C) auf der hohen D-Saite. (Offensichtlich ist dies nicht besonders repräsentativ für das Delta-Blues-Spiel, aber Übungen wie diese sind äußerst wertvoll, da sie uns zwingen, uns auf eine gute Intonation zu konzentrieren. Es ist wichtig hierauf Zeit zu verwenden, also lasse sie nicht aus!)

Beispiel 2f:

Wenn ich ein solches Beispiel spiele, winkle ich den Slide so an, dass er *nur* mit der hohen D-Saite in Kontakt kommt und kein Fremdgeräusch von anderen Saiten verursacht wird.

In Beispiel 2g wird die gleiche Übung auf der zweiten Saite gespielt. Hier sollte der Slide parallel zu den Saiten verlaufen und auf den meisten Saiten aufliegen. Dämpfe die umgebenden Saiten, um dies sauber zu spielen, indem du den Mittelfinger der Spielhand auf die erste Saite und den Daumen über die unteren Saiten legst. Zupfe mit dem Zeigefinger die zweite Saite. Auf diese Weise ist es unmöglich, dass andere Noten als die beabsichtigte ertönen.

Beispiel 2g:

Das nächste Beispiel kombiniert Noten auf der ersten und zweiten Saite. Hier benutze ich meinen Daumen, um die unteren Saiten zu dämpfen, wenn ich auf der hohen D-Saite spiele, und bewege das Dämpfmuster beim Saitenwechsel.

Beispiel 2h:

Hier ist ein Lick, der offene und mit dem Slide gespielte Noten kombiniert. Die Schwierigkeit besteht darin, sich an den Druck zu gewöhnen, der erforderlich ist, damit die Noten klar klingen. Bei zu wenig Druck wirst du ein Schnarren verursachen; bei zu viel Druck wirst du die Saite auf das Griffbrett drücken.

Beispiel 2i:

Schließlich noch eine ähnliche Idee, bei der jedoch Akkorde über vier Saiten gespielt werden.

Beispiel 2j:

Verbringe einige Zeit damit, dich entlang des Halses zu bewegen und zufällige Noten zu spielen, um sicherzustellen, dass sie in der richtigen Tonhöhe sind und sauber klingen. Die Fertigkeit, die du hier aufbaust, hilft ein Gefühl dafür zu entwickeln, wie viel Druck nötig ist, um einen sauberen Ton auf der Gitarre zu spielen. Es kann einige Zeit dauern, aber es ist wichtig, dass sich das selbstverständlich anfühlt.

Lass uns diese Übungen in ein Riff im Delta-Stil verwandeln. Denke daran, dass Delta-Songs auf Riffs wie diesem aufgebaut waren, die sich über viele Takte ohne viele Akkordwechsel oder Variationen wiederholten. Es war ein Stil, der stark vom Gesang geprägt war und die Gitarre bot lediglich ein harmonisches „Bett" für den   Gesangstext.

Zuerst mag das verwirrend erscheinen, aber wenn man es analysiert, stellt man fest, dass ein treibender Achtel-Rhythmus gespielt wird und die Akkorde bewegen sich um die offenen Akkord, den fünften und den siebten Bund (die I, IV und V).

Um es musikalischer klingen zu lassen, habe ich einen D-Akkord am zwölften Bund und einen bluesigen Akkord am dritten Bund hinzugefügt, wenn ich mit dem D-Akkord spiele. Dieser wird nicht als neuer Akkord behandelt, sondern verwendet, um dem Beispiel eine melodische Farbe hinzuzufügen.

Beispiel 2k:

Das nächste Beispiel basiert auf einer der vielen Variationen eines achttaktigen Blues. Da der 12-taktige noch nicht zur Norm geworden war, gab es noch keine Standardform für einen Blues und es war nicht ungewöhnlich, 11-Takt-Blues-Sequenzen zu spielen. Die Akkorde folgten einfach überall dort hin, wo der Gesang hinführte.

Hier habe ich mich für eine einfache I, IV, V-Sequenz entschieden, bei der die I vier Takte lang gespielt wird, bevor ich zur IV, V und I für jeweils einen Takt übergehe.

Um dich auf Trab zu halten, habe ich im vierten Takt der Wiederholung einen Walk-Up vom 2. bis 5. Bund hinzugefügt. Kleine Details wie dieses können etwas, das wie eine Übung klingt, in etwas verwandeln, das an Musik erinnert!

Beispiel 21:

Diese beiden Riffs waren sehr einfach und ohne große Finesse. In den nächsten beiden Kapiteln werden wir uns damit beschäftigen, wie man sauber zwischen den Noten slidet und das wichtige Vibrato hinzufügt.

Kapitel Drei – Sliden zwischen den Noten

Jetzt haben wir uns die Grundlagen des Greifens von Noten mit dem Slide angesehen und müssen uns jetzt mit der Technik des Slidens zwischen Noten auseinandersetzen.

Es ist wichtig, weiterhin Druck auf den Slide auszuüben, während du von einer Note zur anderen wechselst. Drücke den Hals nicht mit dem Daumen, da die Bewegung entlang des Halses erfordert, dass sich der ganze Arm bewegt, nicht nur das Handgelenk oder die Finger.

Hier ist ein Beispiel, wo ich einen Barré-Akkord am dritten Bund spiele und ihn langsam bis zum zwölften slide. Dieser Slide kann mit beliebiger Geschwindigkeit gespielt werden, aber für das technische Training beginne langsam und gewöhne dich an den Druck, der auf die Saite ausgeübt werden muss, um die Note gleichmäßig zu halten. Dieses Beispiel hebt einen der nuancierteren Aspekte der Slide-Gitarre hervor und zeigt, wie schwierig es ist, dies mit der Standardnotation zu beschreiben. Es gibt keine Möglichkeit zu notieren, wie schnell du sliden solltest, also verwende die Audioaufnahme als Leitfaden, wie es klingen soll.

Beispiel 3a:

Im folgenden Single-Note-Lick slide ich ziemlich schnell zwischen den Noten hin und her. Solche skalaren Ideen sind bei Slide-Gitarristen sehr verbreitet. Der Slide eignet sich hervorragend für Linien, die sich auf einer Saite auf- und ab bewegen, anstatt über viele Saiten.

Beispiel 3b:

Hier ist eine ähnliche Idee, aber eine, die etwas abwechslungsreicher ist und Noten enthält, die sowohl nach oben als auch nach unten gehen.

Beispiel 3c:

Open D

Das nächste Beispiel beginnt mit einer *Vorschlagsnote* – einer schnellen Note, die kurz vor der Hauptnote gespielt wird. In diesem Fall wird im zehnten Bund gespielt, gefolgt von einem sofortigen Slide bis zum zwölften. Vorschlagsnoten sind eine gute Möglichkeit, um einer Note Ausdruck und Artikulation zu verleihen.

Beispiel 3d:

Open D

Um zu zeigen, wie Vorschlagsnoten eine Melodie zum Leben erwecken können, hier eine Melodie, die ohne jegliche Artikulation gespielt wird. Dieses Beispiel hat etwas von einer Gospelhymne – etwas, das damals im Delta geläufig war.

Beispiel 3e:

Open D

Hier ist nun die gleiche Melodie mit zusätzlichen Vorschlagsnoten, um sie wesentlich ausdrucksstärker zu machen.

Beispiel 3f:

Slides können ähnlich wie das Bending von gegriffenen Noten verwendet werden. Sie ermöglichen es uns, die durch einen Slide angebotenen mikrotonalen Möglichkeiten zu nutzen.

Wenn ich diese im Tab notiere, verwende ich das Bending-Symbol zur Veranschaulichung, aber wir verwenden den Slide, um die Tonhöhe der Note zu erhöhen. Spiele im folgenden Beispiel den dritten Bund und slide die Note dann allmählich so, dass sie ein wenig zu hoch ist. Dadurch entsteht ein authentischer bluesiger Klang.

Beispiel 3g:

Hier ist eine weitere Idee mit den bluesigen Slide-Bendings, die auf mehreren Saiten gespielt werden. Konzentriere dich zunächst darauf, so gut wie möglich abzudämpfen, aber später spiele einfach und lass einige der Noten klingen.

Beispiel 3h:

Ein weiterer gängiger Klang, den du von jedem Slide-Gitarristen hören wirst, ist ein wilder Slide von unten in eine Note oder einen Akkord. Dies unterscheidet sich leicht von einer Vorschlagsnote, da die Tonhöhe, von der aus du gleitest, nicht angegeben ist und überall am Hals beginnen kann.

Im folgenden Beispiel schlage die Saiten mit dem Slide an einer beliebigen tiefen Stelle auf dem Griffbrett an und slide bis zum zwölften Bund.

Beispiel 3i:

Hier ist eine Melodie am unteren Ende des Griffbretts, die bis zum zwölften Bund slidet. Nachdem diese Idee dreimal wiederholt wurde, endet der Lick, in dem er zum siebten Bund in einen A-Dur-Akkord slidet.

Beispiel 3j:

Diese Themen werden im Laufe des Buches viel detaillierter behandelt, aber die Beispiele in diesem Abschnitt werden helfen, dir die Grundlagen des Stils zu vermitteln, so dass musikalische Ideen später vollständig umgesetzt werden können.

Lass uns nun auf das wunderbare Thema Vibrato eingehen.

Kapitel Vier – Vibrato

Das Wort *Vibrato* kommt aus dem italienischen Wort für Vibrieren und bezieht sich auf jede Variation der Tonhöhe, die auf eine Note angewendet wird. Als Werkzeug hilft Vibrato einem Künstler, einer Note einen persönlichen Ausdruck zu verleihen, und die Bedeutung dieser Tatsache sollte nicht unterschätzt werden.

Bei einem Instrument wie dem Klavier ist Vibrato keine Option und jede Note ist mechanisch gestimmt (vorausgesetzt, du hast einen guten Klavierstimmer!). Mit der Slide-Gitarre ist es jedoch einfach, Noten zu spielen, die leicht schief sind – und eine Note, die leicht schief ist, ist oft viel schlimmer als eine falsche Note. Einer der Vorteile des Vibratos auf der Slide-Gitarre ist, dass kleinere Tonhöhenunterschiede verschleiert werden.

Bisher haben wir daran gearbeitet, Noten ohne Vibrato zu spielen, und das hat einen guten Grund: Unser Ziel ist es immer, das Vibrato auf *einen sauberen Ton* anzuwenden, nicht um zu verbergen, dass wir den *Ton,* den wir anstreben, nicht finden können!

Stell dir die Noten, die du spielst, als deine Sprache und das Vibrato als den Akzent vor, den du verwendest. Andere Menschen können die gleichen Worte verwenden wie du, aber die Art und Weise, wie *du* sie sagst, ist einzigartig. In ähnlicher Weise wirst du deinen eigenen Vibratostil entwickeln, der einzigartig für dich ist; deine Visitenkarte.

Die Technik, mit der das Vibrato gespielt wird, ist die gleiche wie das Sliden entlang des Griffbretts, aber diesmal auf einen kleineren Bereich beschränkt.

In Beispiel 4a beginne ich mit einem vollen Akkord ohne Vibrato, dann, wenn die Note fortschreitet, fange ich an, meinen Arm subtil von links nach rechts zu schütteln und ihn im Laufe der Zeit allmählich weiter zu bewegen. Nicht jedes Vibrato sollte so gespielt werden, aber es ist eine gute Möglichkeit, mit dem Üben und Verstehen der Technik zu beginnen.

Beispiel 4a:

Hier ist eine Riff-basierte Idee, die im unteren Teil des Griffbretts mit einem bluesigen Bending am dritten Bund beginnt. Dann rutschst du mit einem wilden Vibrato auf den höheren Saiten bis zum zwölften Bund. So etwas ohne Vibrato zu spielen, würde steril klingen. In der Tat, nachdem man diese Art von Beispielen *mit* Vibrato gehört hat, könnten die Beispiele in den vorherigen Kapiteln ein wenig seltsam klingen!

Beispiel 4b:

Um dies zu demonstrieren, habe ich das Beispiel 2n neu aufgenommen, aber ein lyrisches Vibrato auf den längeren Noten hinzugefügt. Jetzt fängt es an, wie echte Musik zu klingen.

Beispiel 4c:

Vibrato ist ein äußerst schwieriges Thema und lässt sich in Textform kaum behandeln, da es schwer zu fassen und zu demonstrieren ist. Tatsächlich wird es oft übersehen, selbst wenn man nach Gehör lernt. Wenn ich den Schülern Vibrato beschreibe, tue ich dies am liebsten, indem ich visualisiere.

Die folgenden Diagramme zeigen diese Idee. Die gerade Linie stellt die beabsichtigte Tonhöhe dar, und die gewellte Linie zeigt, wie das Vibrato um die Tonhöhe herum aussieht.

Dieses erste Diagramm veranschaulicht, wie Vibrato klingt, wenn es mit den Fingern auf der Gitarre gespielt wird. Es ist nicht möglich, die Tonhöhe unter die zu bearbeitende Note zu senken, so dass das Vibrato über die Note steigt, dann zur Tonhöhe zurückkehrt und das Muster weitergeht.

Andererseits, wenn Vibrato mit einem Tremoloarm gespielt wird, taucht die Tonhöhe ab und kehrt dann zurück.

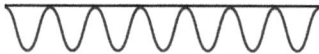

Beim Spielen mit einem Slide ist es jedoch möglich, Vibrato anzuwenden, das sowohl über als auch unter der Haupttonhöhe liegt, was in etwa so aussehen kann.

Wenn du einem großartigen Sänger zuhörst, wirst du feststellen, dass die Stimme dazu neigt, vor dem Absetzen unter die Tonhöhe zu sinken, dann geht sie ein wenig über die Tonhöhe, bevor sie sich wiederholt. Die Nachahmung mit einem Slide führt zu einem sehr musikalischen Vibrato, das den Ton „umgibt", ohne die vokalähnliche Qualität aufzugeben, die wir zum Beispiel von großen Soulsängern hören.

Im folgenden Beispiel demonstriere ich den Unterschied zwischen diesen verschiedenen Vibratos. Der Unterschied ist subtil, so dass es eine Weile dauern kann, bis er wirklich erkannt wird.

Beispiel 4d:

Bisher haben wir nur an der Oberfläche dessen, was möglich ist, gekratzt. Es gibt viele Variablen im Vibrato und es ist unmöglich, jede Eventualität zu erörtern. Wir haben untersucht, wie man mit einem Vibrato die genaue Note *umgeben* kann. Wie breit und schnell unser Vibrato sein soll, hängt vom musikalischen Kontext ab, in dem es eingesetzt wird.

Das Einsetzen eines Vibratos kommt auch auf den Geschmack des jeweiligen Spielers an. Einige Gitarristen haben ein breites, langsames Vibrato, während andere ein schmaleres, schnelles Vibrato verwenden. Einige wenden Vibrato nur auf längere, anhaltende Noten an, während andere ein hektisches Vibrato auf *jedem Ton* anwenden! Es geht darum, zu experimentieren und herauszufinden, was dir am besten gefällt.

Diese Konzepte sind nicht etwas, woran ich beim Spielen ständig denke. Es ist eine Technik, die ich isoliert praktiziert habe, bis sie automatisiert wurde. Vibrato ist etwas, das ich den Tönen hinzufüge, wenn ich das Gefühl habe, dass es gebraucht wird. Die Hauptsache ist, sich darauf zu konzentrieren, wie *musikalisch* dein Vibrato klingt. Höre dir die großen Gitarristen an und versuche, mehr wie sie zu klingen.

Kapitel Fünf – Open-Tuning-Tonleitern

Eine der schnellsten Möglichkeiten, eine offene Stimmung zu erlernen, ist zu verstehen, wie jede Saite in Bezug auf den Akkord funktioniert, auf den die Gitarre gestimmt ist. Dies macht es einfach, Riffs und Licks in neue Tonarten zu transponieren.

In Open D-Stimmung wird die Gitarre auf einen D-Dur-Akkord gestimmt, der die Noten D (den Grundton), F# (die Terz) und A (die Quinte) enthält. Wir können die Note für jede offene Saite entsprechend ihrem Intervall in Bezug auf den Grundton darstellen:

6. Saite D = Grundton (R)

5. Saite A = Quinte (5.)

4. Saite D = Grundton (R)

3. Saite F# = Terz (3.)

2. Saite A = Quinte (5.)

1. Saite D = Grundton (R)

Hier sind diese Informationen in Notation und Tab mit den dazugehörigen Intervallen.

Beispiel 5a:

(Noten am zwölften Bund sind identisch mit Noten auf offener Saite)

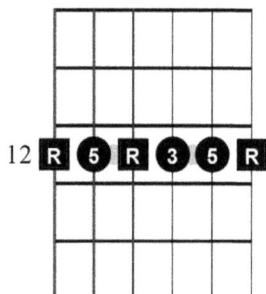

Wenn du die offenen Saiten spielst oder den Slide direkt über den zwölften Bund legst, hast du Zugriff auf alle „sicheren" Noten des Akkords. Aber welche anderen Noten können wir diesem Diagramm hinzufügen, um Musik zu machen?

Mit ein wenig Wissen darüber, welche Tonleitern den Sound des Delta-Blues am besten erzeugen, können wir beginnen, eine „Map" von Noten auf der Gitarre zusammenzustellen, die die besten Noten für unser Spiel zeigt. Diese Map kann verwendet werden, um Riffs, Licks und Fills zu konstruieren und kann als Grundlage für dein eigenes Songwriting und deine eigene Improvisation dienen.

Frühe Delta-Pioniere dachten wahrscheinlich nicht an Tonleitern, aber wenn wir ihre Musik analysieren, stellen wir fest, dass das meiste von dem, was sie gespielt haben aus dem gebildet wurde, was wir heute als den mixolydischen Modus und die Blues-Tonleiter bezeichnen.

Habe Geduld mit mir, während wir uns durch ein wenig Musiktheorie arbeiten, um eine nützliche Map der besten Noten zu erstellen, die beim Delta-Blues-Spiel verwendet werden können. Wenn du das überspringen möchtest, sieh dir das Diagramm weiter unten an, das du sofort anwenden kannst.

Die D-Blues-Tonleiter hat die Formel R b3 4 b5 5 b7 und enthält die Noten (D F G Ab A C).

Der D-Mixolydische Modus hat die Formel R 2 3 4 5 6 b7 und enthält die Noten (D E F# G A B C).

Durch die Kombination dieser Tonleiterformeln können wir eine gemischte Tonleiter von Intervallen erstellen, die alle gut über einen D7-Akkord funktionieren. Das sind sie:

R 2 b3 3 4 b5 5 6 b7 (D E F F# G Ab A B C).

Alle diese Noten klingen großartig im Kontext eines Delta-Blues.

Wenn wir einige dieser zusätzlichen Noten auf dem Griffbrett suchen, stellen wir etwas sehr Interessantes fest; sie liegen alle zwei Bünde unter der ursprünglichen „Home" Barré-Akkord-Slide-Position.

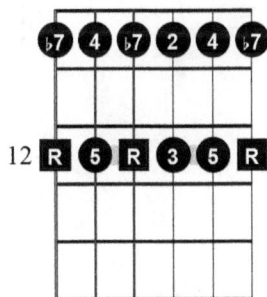

Wenn wir also einen Song in offenem D spielen, können wir den Slide auf den zwölften Bund legen, und alle Noten, die zwei Bünde tiefer sind, stehen als melodische Verschönerung beim Improvisieren oder Schreiben zur Verfügung.

Hier ist ein Lick, der dieses Konzept in seiner einfachsten Form verwendet, indem er den zwölften Bund als Ausgangspunkt verwendet und zwei Bünde abwärts slidet.

Beispiel 5b:

Dieses Konzept macht es einfach, Akkordwechsel zu skizzieren, wie das nächste Beispiel zeigt.

Die „Home"-Slide-Position kann auf jeden Bund bewegt werden, um einen beliebigen Hauptakkord zu markieren. Wenn du ihn auf den siebten Bund legst, spielst du einen A-Dur und wenn du ihn auf den fünften Bund legst, umreißt du einen G-Dur-Akkord.

In der offenen D-Stimmung ist es sinnvoll, sich daran zu erinnern, dass die Grundtöne der Akkorde auf der sechsten Saite zwei Bünde höher liegen, als sie in der Standardstimmung wären.

Beispiel 5c:

Hier ist ein weiterer Lick, der Slides auf den oberen drei Saiten verwendet.

Beispiel 5d:

Das Geheimnis der effektiven Verwendung dieses Musters besteht darin, zu verstehen, dass die obere Slide-Position der Ausgangspunkt ist und die Noten, die zwei Bünde tiefer gespielt werden, den Akkord verschönern. Es ist selten angenehm, sich auf den tiefen Noten auszuruhen. Stattdessen sind sie als Spannungsnoten zu betrachten, die dann durch Verschieben von zwei Bünden nach oben aufgelöst werden.

Natürlich kann diese Idee leicht erweitert werden, indem man weitere Noten über und unter der Ausgangsposition hinzufügt, aber es ist unglaublich zu sehen, wie wenig die echten Delta-Blues-Gitarristen dafür benötigen. Es gibt eine Menge Musik, die nur mit diesem Muster geschaffen werden kann.

Melodische Noten in Open G-Stimmung

Jetzt haben wir einen kurzen Blick auf Open D geworfen, lass uns nun zur Open G-Stimmung übergehen und sehen, ob es eine Gemeinsamkeit gibt, die wir nutzen können.

Wie im ersten Kapitel besprochen, ist die Open G-Stimmung von tief nach hoch:

D G D G B D

G-Dur besteht aus G (Grundton), B (Terz) und D (Quinte). Die Intervalle der offenen G-Stimmung sind:

5 R 5 R 3 5

Hier sind diese Informationen in Notation und Tabulatur:

Beispiel 5e:

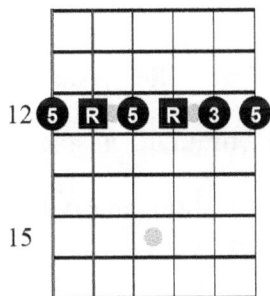

Auch bei diesem Beispiel sind alle Noten des Akkords als Barré mit dem Slide am zwölften Bund verfügbar. Beachte, dass die Intervalle in einer anderen Reihenfolge als bei der Open D-Stimmung sind.

Das Interessante an der Open G-Stimmung ist, dass die unterste Saite nicht der Grundton des Akkords, sondern der Fünfte, also die Quinte ist. Aus diesem Grund haben sich einige Gitarristen, wie Keith Richards von The Rolling Stones, dafür entschieden, die sechste Saite komplett zu entfernen.

Auch hier können wir einige der Noten aus der gemischten Tonleiter hinzufügen und wiederum: sie erscheinen zwei Bünde unter dem Grundakkord.

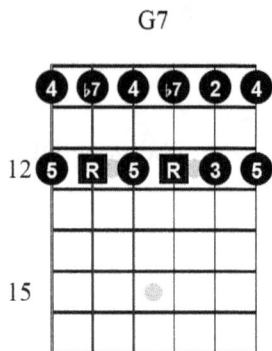

Es gibt offensichtliche Ähnlichkeiten zwischen Open D und Open G in Bezug auf die Intervalle. Die beiden Stimmungen sind fast identisch, aber ein Open D hat einen zusätzlichen hohen Ton und ein Open G hat einen zusätzlichen tiefen Ton.

Ich persönlich bevorzuge das Open D gegenüber dem Open G. Es bietet einen etwas tieferen Tonbereich (da der Grundton tiefer in der Tonhöhe ist als beim Open G), und es enthält zudem einen Grundton auf der ersten Saite und kann so eine gute Auflösung für Delta-Blues-Melodien bieten.

Allerdings ist es einfach, sich schnell an die Open G-Stimmung anzupassen, wenn wir die Intervalle verstehen.

Um das zu demonstrieren, ist hier nochmal der Lick aus Übung 5d, aber jetzt in Open G-Stimmung gespielt.

Im zweiten Takt haben wir nicht die Möglichkeit, zum Grundton auf der hohen Saite hochzuspringen, so dass dieselbe Note eine Oktave tiefer auf der dritten Saite gespielt wird.

Beispiel 5f:

Erweitern wir die Töne der Open G-Stimmung um eine weitere Note aus der gemischten Tonleiter, der Sexte (6.). Die Sexte ist einen Ton höher als die Quinte (5.) und klingt großartig, wenn sie über der höchsten Note hinzugefügt wird.

Lass uns auch die Quarte (4.) über der Terz (3.) auf der zweiten Saite hinzufügen.

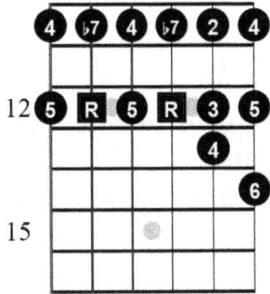

Hier ist ein Lick, der diese Noten verwendet. Wie bei früheren Beispielen werden die zusätzlichen Noten verwendet, um Melodien zu erzeugen, die sich in den Grundnoten des Akkords am zwölften Bund auflösen.

Beispiel 5g:

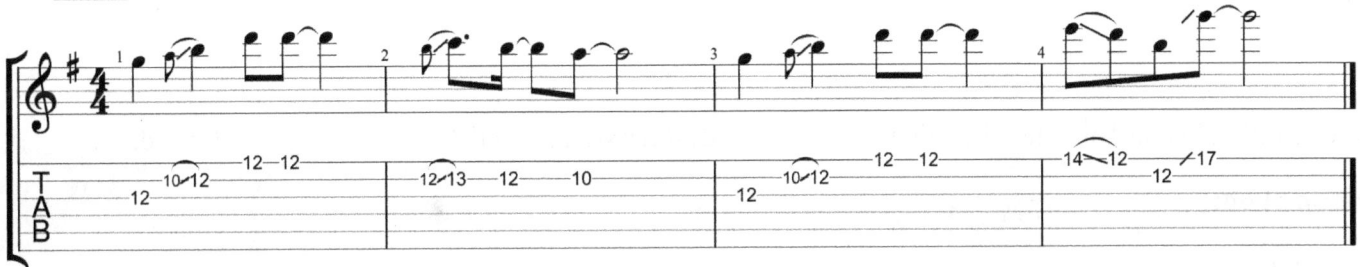

Diese Idee kann erweitert werden, um ein Muster aufzubauen, welches denen ähnelt, die du wahrscheinlich visualisierst, wenn du eine Gitarre in Standardstimmung spielst. Es gibt einige Vorteile, aber es ist üblicher, eine Saite auf und ab zu spielen, als vertikal über das Griffbrett.

Du hast vielleicht bemerkt, dass wir in diesem Kapitel nicht wirklich die kleine Terz (b3) oder verminderte Quinte (b5) der gemischten Tonleiter verwendet haben. Diese Noten werden sich von selbst ergeben, wenn wir beginnen, den traditionelleren Slide-Ansatz des einsaitigen Spielens zu erforschen.

Kapitel Sechs – Ein-Saiten-Tonleitern

Eine nützliche Möglichkeit, sich mit der Slide-Technik und der Phrasierung vertraut zu machen, ist das Üben von Tonleitern auf einer einzigen Saite. Während die Ideen als Übungen beginnen, werden sie schnell musikalisch und auf das Delta-Blues-Spiel anwendbar.

Obwohl dies überall möglich ist, ist es am besten, mit den Saiten zu beginnen, die auf dem Grundton des Akkords gestimmt sind. Hier ist die D-Dur-Tonleiter (D E F# G A B C#), die auf der ersten Saite in Open D-Stimmung gespielt wird. Stelle sicher, dass du direkt über jedem Bund spielst und hinter dem Slide dämpfst. Spiele zusammen mit dem Audiotrack, um deine Intonation zu überprüfen.

Beispiel 6a:

Hier ist die gleiche Tonleiter, die mit etwas mehr Slide-Phrasierung und Artikulation gespielt wird.

Beispiel 6b:

Das gleiche Muster funktioniert mit jeder Saite, die auf dem Grundton des Akkords gestimmt ist, so dass bei offenem D dasselbe mit der vierten Saite funktioniert.

Beispiel 6c:

Die gleiche Griffweise funktioniert auch bei der sechsten Saite.

Beispiel 6d:

Open D

D

```
TAB
 0  2  4  5 | 7  9  11  12 | 12  11  9  7 | 5  4  2  0
```

Die Dur-Tonleiter ist nützlich, aber der mixolydische Modus ist eine Tonleiter, die geeignet ist, Delta-Ideen über einen Dominant-7-Akkord zu spielen. Er hat die Formel 1 2 3 4 5 6 b7.

Hier ist der D-Mixolydische Modus (D E F# G A B C), der auf der ersten Saite gespielt wird. Die einzige Änderung gegenüber der Dur-Tonleiter besteht darin, dass die Septime der Dur-Tonleiter um einen Halbton gesenkt wird.

Beispiel 6e:

Open D

D7

```
TAB
 0  2  4  5 | 7  9  10  12 | 12  10  9  7 | 5  4  2  0
```

Dieses Muster kann auf jeder offenen D-Saite gespielt werden. Hier sind die erste und vierte Saite kombiniert und als Oktaven gespielt. Dies ist ein gängiger Ansatz unter Delta-Blues-Gitarristen, aber vergiss nicht, jede Saite einzeln zu üben.

Verwende Daumen und Zeigefinger, um die Noten in einer zusammenkneifenden Bewegung zu zupfen.

Beispiel 6f:

Open D

D7

```
TAB
 0  2  4  5 | 7  9  10  12 | 12  10  9  7 | 5  4  2  0
 0  2  4  5 | 7  9  10  12 | 12  10  9  7 | 5  4  2  0
```

Ein weiterer gängiger Sound im Delta-Blues ist die Dur-Pentatonik-Tonleiter. Dies ist eine Fünf-Noten-Tonleiter, die aus dem Grundton (1.), der Sekunde (2.), Terz (3.), Quart (4.) und Sechsten (6.) besteht. (D, E, F#, A und B in der Tonart D)

Da hier die dunkel klingende verminderte Septime (b7; C) fehlt, erzeugt die Dur-Pentatonik einen weicheren Klang, der in der Musik auf der ganzen Welt zu hören ist.

Beispiel 6g:

Im vorherigen Kapitel haben wir eine gemischte Tonleiter gebaut, die ein b3-Intervall enthielt. Es ist üblich, die kleine Terz (b3; F) zu dieser großen pentatonischen Tonleiter als bluesigen Ansatz zur großen Terz (F#) hinzuzufügen.

Beispiel 6h:

Hier ist ein Lick mit der Dur-Pentatonik-Tonleiter und der zusätzlichen b3. Ein gängiger Ansatz ist es, auf die kleine Terz (b3; F) herabzusteigen und sich auf die große Terz (3; F#) zuzubewegen. Dadurch fühlt sich das F# (eine Note, die sich im Akkord befindet) nach dem Spielen der kleinen Terz (b3; F), die nicht im D-Dur-Akkord ist, wie eine Zielnote an.

Beispiel 6i:

Dieser Unterschied zwischen der dunkleren kleinen Septime (b7; C) und der lieblicheren großen Sechsten (6; B) ist subtil, aber einer, mit dem man die Stimmung der Musik steuern kann.

Zum Beispiel ist der folgende Lick derselbe wie Beispiel 6i, spielt in Takt Drei aber die b7 statt der 6.

Spiele diese beiden Ideen und vergleiche den Unterschied im Klang. Es gibt keine richtigen Antworten, es geht darum, ein eigenes Verständnis dafür zu entwickeln, wie sich die Wahl der Note auf die Musik auswirkt.

Beispiel 6j:

Die Moll-Pentatonik ist im Blues sehr verbreitet. Wie die Pentatonische Dur-Tonleiter ist auch sie eine Fünf-Noten-Tonleiter, allerdings mit anderen Intervallen. Diesmal ist es der Grundton, die kleine Terz (b3), die Quart (4.) die Quinte (5.), die kleine Septime (b7), (D F G A C)

Hier ist die Tonleiter, die auf der ersten Saite gespielt wird. Diese Tonleiter „passt" zu einem D-Moll-Akkord, aber sie ist immer noch eine gängige Wahl für einen Dur- oder Dominant-Akkord, wo sie einen traditionelleren, bluesigen Klang hat.

Beispiel 6k:

Es ist üblich, der kleinen Terz (b3) in einem Blues ein Viertelton-Bending (oft auch als „Blues Curl" bezeichnet) hinzuzufügen. Dadurch liegt die Note irgendwo zwischen F und F#, was eine wichtige Blues-Eigenart ist. Es ist mit der Bewegung von der kleinen Terz (b3) zur großen Terz (3.) verwandt, die wir in Beispiel 6i besprochen haben.

Spiele die Tonleiter mit dem zusätzlichen Blues Curl, indem du den Slide nach dem Spielen des dritten Bunds leicht nach oben in Richtung vierter Bund bewegst. Geh aber nicht bis zum vierten Bund, sondern deute ihn lediglich an.

Beispiel 6l:

Eine wichtige Übung, die du mit Ein-Saiten-Tonleitern machen kannst, wird deine Kontrolle über *Pull-Offs* von Noten, die mit dem Slide zu offenen Noten gespielt werden, entwickeln. Die Idee ist, mit dem Slide einen Pull-Off zu machen und die offene Saite klingen zu lassen.

Da der Slide nicht auf gleiche Weise einen Pull-Off von der Note aus machen kann, wie es normalerweise mit dem Finger der Fall wäre, besteht das Geheimnis darin, den Slide von der Saite nach unten in Richtung des Bodens zu schnippen.

Übe dieses Beispiel langsam, denn die Genauigkeit dieser Technik wird in Zukunft sehr nützlich sein. Höre dir das Audiobeispiel an, damit du weißt, welchen Klang du anstreben musst.

Beispiel 6l2:

Während es viel einfacher und gebräuchlicher ist, Slides in offenen Stimmungen zu spielen, spielten viele Delta-Spieler (einschließlich Robert Johnson) auch gelegentlich in Standardstimmung. Alle Ideen in diesem Abschnitt lassen sich auch auf die Standardstimmung übertragen. Wenn du beispielsweise Beispiel 6l in Standardstimmung spielst, entsteht die E-Moll-Pentatonik-Tonleiter.

Beispiel 6m:

Die Blues-Tonleiter ist eine gängige Tonleiter, die durch Hinzufügen einer verminderten Quinte (b5) zur Moll-Pentatonik-Tonleiter erzeugt wird: 1 b3 4 b5 5 b7. Die verminderte Quinte (b5) wurde im vorherigen Kapitel in unsere gemischte Tonleiter aufgenommen.

Hier ist die Blues-Tonleiter, die auf der ersten Saite in Open D-Stimmung gespielt wird.

Beispiel 6n:

Der nächste Lick verwendet die Blues-Tonleiter. Achte auf die verminderte Quinte (b5) am Ende des ersten Taktes. Dieser Lick im Stil von Blind Willie Johnson verwendet die b5-Blues Note, um nachzuahmen, was die Stimme singt.

Wenn du dich mit diesem Beispiel wohler fühlst, summe beim Spielen mit. Dies verbindet dein Gehör mit deinen Fingern und unterstützt deinen musikalischen Ausdruck.

Beispiel 60:

Hier ist ein zweiter Lick auf der ersten Saite mit den Tönen der D-Blues-Tonleiter. Die Möglichkeiten sind endlos!

Beispiel 602

Entwickle deine eigenen Phrasen mit der D-Blues-Tonleiter auf einer Saite.

Als nächstes habe ich einen von Tampa Red inspirierten Lick geschrieben. Während es hier weniger Noten gibt, gibt es einige schnelle Slides vom zwölften Bund zum dritten Bund, die mit Vorsicht gespielt werden müssen. Achte darauf, dass du mit den Slides nicht über das Ziel hinausschießt, kein Vibrato könnte das ausbessern.

Beispiel 6p:

Die letzte Zeile in Open D-Stimmung ist ein von Bukka White inspirierter Lick, der die offene zweite Saite hinzufügt.

Der härteste Teil kommt im zweiten Takt, wo wir vom fünften bis siebten Bund, dann zum dritten Bund sliden müssen, bevor wir diesen Ton leicht anheben. Auch hier entsteht ein solches Bending, indem man den Slide ganz leicht nach oben auf dem Griffbrett bewegt.

Höre dir die Audioaufnahme an, dann wird es deutlich und verständlich.

Beispiel 6q:

Nachdem du etwas Open D-Vokabular gelernt hast, betrachten wir nun auch einige Open G-Linien auf einzelnen Saiten.

Das erste, woran man sich bei offenem G gewöhnen muss, ist, dass der Grundton nun auf der ersten Saite am fünften Bund liegt. Das ist großartig, denn nun kannst du den Grundton spielen und ein ausdrucksstarkes Vibrato hinzufügen.

Beispiel 6r:

Die kleine Terz (b3) ist drei Bünde über dem Grundton und die kleine Septime (b7) ist zwei Bünde unter dem Grundton. Diese beiden Töne sind integraler Bestandteil des Klangs der Moll-Pentatonik und äußerst ausdrucksstark.

Beispiel 6s:

Das Sliden bis zur reinen Quinte (5) des Akkords am zwölften Bund ist ein weiterer starker, verbreiteter Klang im Delta-Blues. Im folgenden Beispiel gehe ich von der reinen Quinte (5) zur verminderten Quinte (b5) und zurück, um diese kraftvolle Blues-Qualität wirklich auszunutzen.

Beispiel 6t:

Hier ist eine weitere Idee, die die erste Saite aufsteigt, während sie in jede Note gleitet. Höre dir die Aufnahme genau an, denn bei dieser Melodie dreht sich alles um die Slides und nicht um perfekte Intonation und Genauigkeit.

Beispiel 6u:

Schließlich gibt es noch einen Lick in G-Dur, der die meisten der zur Verfügung stehenden Noten über die gesamte Spannweite der Oktave verwendet. Spiele ihn langsam und experimentiere mit der Artikulation, um ihn ausdrucksstark und persönlich zu machen.

Beispiel 6v:

Während du dieses Buch weiter durcharbeitest, wirst du viele weitere Beispiele für Licks finden, die sich entlang einer einzigen Saite auf und ab bewegen, und alle von ihnen stammen aus der Handvoll von Tonleitern, die in diesem Kapitel behandelt wurden.

Füge weitere Licks zu deinem Arsenal hinzu und bekomme eine Vorstellung davon, wie du sie in deinem Kopf kategorisieren kannst. Die Verwendung der Blues Note (b5) macht einen Lick sofort beunruhigend. Die große Sechste (6.) gibt einem Lick ein lieblicheres Gefühl, verglichen mit der kleinen Septime (b7), die eine ernstere Stimmung schafft. Aber dies ist nur meine persönliche Meinung. Beim Spielen des Delta-Blues geht es darum, wie *du* dich bei diesen Noten fühlst. Wenn du diese Klänge weiter erforschst und den frühen Meistern zuhörst, wirst du schnell eine starke Verbindung zwischen deinem Gehörsinn und deinen Fingern entwickeln.

Kapitel Sieben – Leersaiten spielen

Nachdem wir uns darauf konzentriert haben, eine einzelne Saite auf und ab zu spielen, werden wir uns nun mit dem Spielen über mehrere Saiten befassen. Im Delta-Blues wird dieser Ansatz verwendet, um Riffs zu erstellen, die einen ganzen Song dauern, oft mit nur einem oder zwei Akkorden.

Einer der am häufigsten genutzten Bereiche einer offenen Stimmung ist der Bereich um die Leersaiten. Hier ist ein Diagramm mit Leersaiten, das einige der häufig verwendeten Noten in diesem Bereich zeigt.

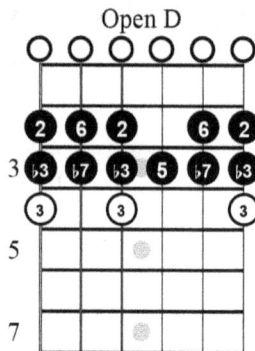

Um von einer Leersaite zu einer Note zu gelangen, die mit dem Slide gespielt wird, müssen wir den Slide auf die Saite legen. Dies kann ein wenig chaotisch sein und unerwünschte Geräusche verursachen, es sei denn, du beherrschst die richtige Technik. Es ist ein bisschen wie bei einem normalen Hammer-On, aber die Saite wird nicht auf den Bund gedrückt.

Wie beim normalen Gitarrenspiel zupfst du die offene Saite, dann senkst du den Slide auf die Saite, so dass die neue Note erklingt. Denke daran, den Slide direkt über den Bund zu legen und die Saiten dahinter zu dämpfen. Spiele mit Entschlossenheit, aber nicht so hart, dass du die Saite den Bunddraht berühren lässt.

Bei dieser Übung geht es darum, den Druck zu erlernen, der erforderlich ist, um die Note deutlich klingen zu lassen, ohne die Saite an das Griffbrett zu drücken. Wenn das wirklich schwierig ist, kannst du erwägen, einen neuen Sattel einzusetzen, der ein bisschen höher ist, oder ein kleines Klemmstück unter deinen aktuellen Sattel legen, um die Wirkung zu erhöhen.

Mit meiner Spielhand spiele ich mit dem Daumen die fünfte Saite und mit dem Zeigefinger die vierte Saite. Der Wechsel zwischen diesen Fingern ermöglicht es dir, Saiten bei Bedarf effektiver zu dämpfen.

Beispiel 7a:

Hier ist die gleiche Idee, aber diesmal hämmernd auf das 6. Intervall (B) auf der fünften Saite, um den lieblicheren pentatonischen Dur-Klang anzudeuten.

Beispiel 7b:

Das nächste Beispiel verwendet diese Hammer-On-Idee in einem Blues-Riff und fügt ein bluesiges Bending auf der vierten Saite hinzu. Solche Ideen bilden oft treibende Rhythmusmuster hinter einem Gesangsteil, spiele also beherzt und lass es klingen!

Beispiel 7c:

Diese Idee kann in einer höheren Oktave wiederholt werden, indem man sie auf die zweite und erste Saite überträgt. Ich habe das vorherige Beispiel in etwas verwandelt, das eher eine Lead-Linie ist, indem ich einige melodische Verzierungen im zweiten und vierten Takt hinzugefügt und auf den höheren Saiten gespielt habe.

Beispiel 7d:

Die beiden vorangegangenen Ideen und die Linien im weiteren Verlauf des Kapitels eignen sich perfekt als Begleitung zu einem Solo-Gesang im wahren Delta-Stil. Natürlich kann man sie im normalen Blues oder in einer Band verwenden, aber der authentische Ansatz ist es, eine Melodie über ein Riff zu singen und in den Lücken zwischen den einzelnen Linien ein Lick zu spielen.

Die nächste Linie fügt Pull-Offs hinzu. Diese sind mit einem Slide knifflig, weil es keine echte Möglichkeit gibt, einen Pull-Off mit der Saite zu machen. Im Gegensatz zu einem normalen Pull-Off kannst du den Slide nicht einfach von der Saite heben. Das Geheimnis dabei ist, die Saite beim Verlassen nach *oben zu schnippen*, um die offene Saite etwas lauter klingen zu lassen.

Beispiel 7e:

Auch hier können wir diese Idee auf die zweite und erste Saite übertragen, um etwas zu schaffen, das eher einem Solo ähnelt.

Beispiel 7f:

Hier ist ein weiterer Lick mit bluesigen Bendings und der kleinen Terz (b3) auf der ersten und vierten Saite.

Beispiel 7g:

Wenn du anfängst, dich mit dem Daumen-Plektrum oder Daumen einzuarbeiten, wirst du schnell feststellen, dass das Schlagen von mehr als einer Saite beim Spielen von Slides oft gut funktioniert, da alle Saiten auf den gleichen Akkord gestimmt sind.

Beispiel 7h basiert auf der vorherigen Idee, fügt aber einige reibende Doppelgriffe auf der vierten und dritten Saite hinzu, zusammen mit einem Slide bis zum zwölften Bund.

Beispiel 7h:

Hier ist ein weiteres Beispiel, das auf dem gleichen Riff basiert und einige schnellere Vorschlagsnoten-Slides enthält. Ideen wie diese sind in der Standardnotation schwer auszudrücken, also hör dir das Audiobeispiel an, um die Nuancen zu hören.

Als ich diesen Lick aufnahm, begann ich, ihn so sauber wie möglich zu spielen, aber im Laufe der Zeit fand ich heraus, dass er besser klang, wenn man ihm etwas mehr Charakter gab und wenn die Noten zusammen mit ein paar zusätzlichen Saiten erklingen durften.

Dieser Lick hat eine solche Ausdruckskraft, weil er die verminderte Quinte (b5) beinhaltet (Ab auf dem zweiten Bund, dritte Saite). Das Zusammenspiel zwischen der verminderten Quinte (b5) und reinen Quinte (5) (offene zweite Saite) verleiht ihm einen besonders dunklen Klang.

Beispiel 7i:

Das folgende Beispiel verwendet mehrere der Noten um die Leersaite herum, zusammen mit Doppelgriffen für einen aggressiveren Klang.

Beispiel 7j:

Hier ist ein weiteres Beispiel, diesmal etwas länger. Es kombiniert eine Einzelsaiten-Idee mit Noten, die in der offenen Position hinzugefügt werden.

Dies ist der Ansatz vieler Slide-Gitarristen, da das Spielen über die Saiten in anderen Positionen unangenehm sein kann. Die Verwendung der Leersaiten bedeutet, dass du jeden Ton ausklingen lassen kannst und er in die Tonart passt, da die Gitarre auf einen Akkord gestimmt ist.

Beispiel 7k:

Während du den Stil der Legenden des Mississippi-Deltas weiter erforschst, wirst du unabhängig von der Stimmung immer wieder dieselben melodischen Ideen finden. Dies ist auf die Ähnlichkeiten in den Stimmungen zurückzuführen, die wir in Kapitel Fünf erörtert haben.

Hier ist eine Tonleiter-Box, die sich beim Stimmen von Open G ergibt. Beachte, wie ähnlich sie der Open D-Box ist, die ich dir vorhin gezeigt habe.

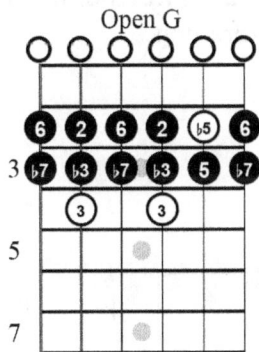

Wenn die Gitarre auf ein Open G gestimmt ist, merken wir schnell, dass sich die Licks nicht allzu sehr von denen in Open D-Stimmung unterscheiden. Im folgenden Lick ist die bemerkenswerteste Ergänzung des Diagramms der Grundton (G), der am fünften Bund auf der ersten Saite gespielt wird. Dieser hohe Oktaven-Grundton erlaubt es uns, diesem Ton ein Vibrato hinzuzufügen – etwas, was wir nicht tun könnten, wenn er auf der offenen Saite gespielt würde, wie in der offenen D-Stimmung.

Beispiel 7l:

Hier ist ein weiterer Lick, der Triolen für einen schnelleren und besseren treibenden Effekt verwendet. Lerne ihn langsam, da die Positionsverschiebungen bei hoher Geschwindigkeit schwierig sind.

Beispiel 7m:

Die nächste Linie kreuzt fünf Saiten in der offenen Position. Achte auf den Rhythmus in Takt zwei, der mehr Synkopierungen aufweist (Noten werden auf dem Auftakt gespielt), um den Zuhörer mitzureißen.

Beispiel 7n:

Du kannst auch Doppelgriffe hinzufügen, um etwas mehr Aggression zu erzielen. Wie auch immer, höre dir die Aufnahme genau an, um ein Gefühl für die Artikulation und das Vibrato zu bekommen.

Beispiel 7o:

Beispiel 7p beinhaltet eine Doppelgriff-Idee am dritten Bund.

Beispiel 7p:

Um das Kapitel abzuschließen, lerne diese knifflige 1/16-Notenidee mit einem schnellen Slide zwischen der reinen Quinte (5) und der verminderten Quinte (b5) auf der zweiten Saite. Dies kann etwas ungeschliffen gespielt werden, wobei jede Note ertönt, oder etwas sauberer, indem man mehr Dämpfung hinzufügt.

Beispiel 7q:

Scheue dich nicht, zu experimentieren und diese Ideen zu kombinieren, um deine eigenen Phrasen zu kreieren. Beim Blues geht es darum, sich selbst auszudrücken, auch wenn dieser Ausdruck aus einem begrenzten Pool von Noten stammt. Der einzige Weg, völlig frei zu sein, ist, diese Konzepte erschöpfend anzuwenden und herauszufinden, was funktioniert und was gut klingt.

Wenn du mit diesen Ideen zufrieden bist, fahre mit dem nächsten Kapitel fort, für das ich zwei Soli geschrieben habe, die diese Ideen über einen Delta-Blues-Track verwenden.

Kapitel Acht – Saint Louis Blues

In diesem Kapitel lernst du ein komplettes 12-Takt-Solo in Open G-Stimmung, das sehr lose auf dem 1914 W. C. Handy Blues Standard *Saint Louis Blues* basiert. Im Laufe der Jahre wurde dieser Song im Repertoire von Jazz-Pionieren wie Louis Armstrong, Count Basie, Glenn Miller und Bessie Smith bekannt, obwohl es sich um nichts anderes als einen 12-taktigen Blues in D handelt.

Er besteht lediglich aus den I-, IV- und V-Akkorden in der Tonart D und der erste Schritt ist das Erlernen des Rhythmusgitarrenteils.

Um es einfach zu halten, habe ich die Rhythmusgitarre in Standardstimmung aufgeschrieben, so dass dir die Akkord-Voicings bekannt sein dürften und du sie leichter mit einem Freund spielen kannst, der kein Slide-Gitarren-/Open-Tuning-Experte ist. Natürlich kannst du die Akkorde mit dem Slide in Open D-Stimmung spielen, wenn du willst.

Beispiel 8a:

Obwohl der Song in der Tonart D ist, ist der Solist auf ein offenes G gestimmt. Dies scheint zunächst kontraintuitiv, aber der Grund dafür ist, dass der Solist die Note B auf der zweiten Saite verwenden kann, wenn der Akkord in G-Dur wechselt. (Die B-Note ist die Terz von G-Dur – eine sehr starke Note, die auf den Akkord abzielt).

Lerne dieses Solo langsam und höre dir die Aufnahme genau an, um eine Vorstellung vom Gefühl zu bekommen. Es sollte bluesig klingen, nicht roboterhaft. Bende die Noten nach Belieben und füge ein Vibrato hinzu, wenn es sich richtig anfühlt.

Beispiel 8b:

Hier ist ein weiteres 12-taktiges Solo in Open G-Stimmung, diesmal geschieht mehr um die vierte Saite (D) herum.

Der entscheidende Aspekt dieses Solos sind die sich wiederholenden aufsteigenden chromatischen Parts. Dies ist ein großartiges Beispiel dafür, dass dieser Stil nicht immer perfekt die Tonhöhe treffen muss.

Zum Beispiel bewegen wir uns in Takt zwei chromatisch von Bund 4 zu Bund 7 nach oben. Die authentische Art, einen solchen Lick zu spielen, ist nicht genau auf jedem Bund zu spielen. Vielmehr gleiten wir von vier auf sieben, während wir die Saite viermal anspielen.

Beispiel 8c:

Open G

Sobald du dieses Beispiel unter den Fingern hast, arbeite daran, die beiden Soli in Folge zu spielen. Wie zu Beginn des Kapitels erwähnt, machen solche Beispiele viel Spaß, wenn man sie mit einem Freund/einer Freundin spielt, da selbst ein Anfänger den Rhythmusgitarren-Part recht schnell lernen könnte.

Wenn du dieses Stück locker spielen kannst, solltest du als nächstes einige Zeit damit verbringen, den großen Vorbildern zuzuhören, die diesen Song spielen (Spotify hat viele verschiedene Versionen). Je mehr Ahnung du davon hast, wie ein erfahrener Musiker eine solchen Song spielt, desto mehr wirst du dich in deinem eigenen Spiel frei ausdrücken können.

Kapitel Neun – Melodien und Bass

Während Delta-Blues-Gitarristen oft an isolierten Melodien festhalten, spielen Sologitarristen oft sowohl Rhythmus- als auch Leadgitarren-Parts zusammen. Dieser Ansatz ist bei Akustikgitarristen, die ohne Slide spielen, sehr verbreitet. In offener Stimmung mit einem Slide wird dies kniffliger.

Um Rhythmus und Lead zusammenspielen zu können, musst du die Unabhängigkeit zwischen dem Daumen und den Fingern deiner zupfenden Hand erlernen und entwickeln.

Wir beginnen in Open D-Stimmung mit einer sich wiederholenden Viertelnote auf der sechsten Saite. Verwende den Daumen, um diese Note mit einer soliden Abwärtsbewegung zu spielen.

Beispiel 9a:

Wenn du dich damit wohlfühlst, ist der nächste Schritt, eine einzelne Note hinzuzufügen, die über diesen Grundton gespielt wird.

Slide auf der ersten Saite bis zum zwölften Bund und halte diese Note fest, während du ein Vibrato hinzufügst. Spiele den treibenden Bassteil weiterhin mit dem Daumen.

Beispiel 9b:

Dieselbe Übung kann mit einem Dreinoten-Akkord, der darüber klingt, wiederholt werden. Zupfe mit dem Zeige-, Mittel- und Ringfinger den Akkord, während du die Bassnote mit dem Daumen spielst.

Um diese Übung sauber zu spielen, musst du mit der Positionierung des Slides vorsichtig sein. Hier musst du mehrere Saiten bändigen, während wir die tiefe Saite offen halten. Der Slide kann nicht alle sechs Saiten abdecken.

Beispiel 9c:

Beispiel 9d enthält einige Noten, die etwas *offbeat* sind. Die erste Melodie-Note wird mit einer kneifenden Bewegung parallel zum Bass gespielt, dann wird die Melodienote einzeln wiederholt.

Um ein wenig Würze hinzuzufügen, habe ich auch die Melodie in jedem Takt leicht geändert.

Beispiel 9d:

Wenn sich das normal anfühlt, ändere die Melodie in der Mitte des Taktes. In diesem Beispiel ändert sich die Melodienote von D nach C auf dem „&" von Taktschlag 2.

Beispiel 9e:

Jetzt, da die richtige Technik eingeführt wurde, kannst du mit dem Slide weitere Noten hinzufügen, um eine stärkere Melodie zu erzeugen.

Das folgende Beispiel entwickelt die vorherige Idee zu einer absteigenden Melodie.

Beispiel 9f:

Mit diesem Konzept ist es möglich, schon mit den Noten der D-Moll-Pentatonik über der treibenden Bassstimme einige wirklich interessante musikalische Ideen zu kreieren.

Beispiel 9g:

Das nächste Beispiel baut auf dieser Idee auf, indem es das Motiv in Takt eins spielt und dann zu einem Leersaiten-Lick in Takt zwei wechselt.

Zu lernen, wie man diese Bassnoten beim Spielen der anderen Saiten konstant klingen lässt, braucht Zeit, also sei geduldig.

Beispiel 9h:

Wenn wir diese Idee weiter entwickeln, können wir anfangen, Phrasen, die in der offenen Position gespielt werden, mit Noten zu mischen, zu denen wir hoch sliden. Das bringt zur Spielweise von Son House, *Dead Letter Blues*. Ideen wie diese klingen am besten, wenn sie schnell und locker gespielt werden.

Beispiel 9i:

Diese letzte Idee kombiniert Noten in der offenen Position mit zusätzlichem Vibrato am zwölften Bund.

Beispiel 9j:

Es ist auch möglich, ein 1/8-Notenmuster mit dem Daumen zu spielen, wie im folgenden Beispiel gezeigt. Ideen wie diese werden am häufigsten mit einem Swing-Feeling gespielt.

Beispiel 9k:

Wie beim 1/4-Noten-Bassmuster ist es auch hier möglich, eine Melodienote ertönen zu lassen, während der Daumen einen gleichmäßigen Bassteil spielt.

Beispiel 9l:

Open D

Wenn du 1/8-Noten-Melodien hinzufügst, wird jede Note gleichzeitig mit einer Bassnote in einer kneifenden Bewegung gespielt. Um dies zu demonstrieren, ist hier ein Beispiel mit Leersaiten und Slide im 12. Bund.

Beispiel 9m:

Open D

Hier ist ein ähnlicher Rhythmus, mit einer Melodie, die auf der ersten Saite mit Noten des D-Blues gespielt wird, im Vergleich zu einem treibenden 1/8-Takt-Bassteil.

Beispiel 9n:

Open D

Wie bei der 1/4-Noten-Bass-Stimme lohnt es sich, mit diesen Bassstimmen Leersaiten-Licks zu üben. Wenn du den Ton hörst, wirst du feststellen, dass ich die Slides ganz langsam auf diesem Lick spiele – sie fühlen sich einfach so richtig an!

Beispiel 9o:

Open D

Eine weitere gute Idee ist es, die Melodie und den Bass in einen Triolen-Rhythmus aufzuteilen.

Beispiel 9p:

Open D

Hier ist die gleiche Idee, aber korrekter notiert mit einer höheren und tieferen Stimme. Dies ist eine Konvention in der zweistimmigen Musik, bei der die Basslinie mit nach unten gerichteten Notenhälsen und die Melodie mit nach oben gerichteten Notenhälsen geschrieben wird.

Beispiel 9q:

Das folgende Beispiel zeigt Melodienoten, die sowohl auf den betonten Taktschlägen als auch auf diesen Offbeat-Triolen gespielt werden. Dies sieht komplizierter aus, als es ist, insofern du das vorherige Beispiel gemeistert hast. Höre dir also das Audiobeispiel an, um das Timing aufrecht zu halten.

Beispiel 9r:

Die folgende zweiteilige Phrase kombiniert Leersaiten-Licks, Positionsverschiebungen und Offbeat-Triolen.

Dies geht wahrscheinlich einen Schritt darüber hinaus, was man im authentischen Delta-Blues-Spiel hören wird, aber es ist großartig für deine Kreativität und deine technischen Fähigkeiten, an solchen Ideen zu arbeiten. Wenn du dieses Beispiel spielen kannst, wird dir alles einfachere als Spaziergang vorkommen!

Beispiel 9s:

Diese letzte Idee bereitet dich auf die Blues-Soli in den letzten Kapiteln vor und stellt ein abwechselndes Bassmuster vor, das vom Daumen gespielt wird.

In der offenen D-Stimmung werden sowohl die vierte als auch die sechste Saite auf D gestimmt, so dass der Wechsel zwischen ihnen ein schönes treibendes Oktavmuster als Rahmen für unsere Melodien ergibt.

Beispiel 9t:

Diese Art von abwechselnden Bassmustern ist im Country-Fingerstyle-Genre üblich (siehe mein Buch Die Country Fingerstyle Gitarrenmethode für weitere Informationen!) und muss geübt werden, bis sie vollständig automatisch im Daumen sind, bevor man anfängt, Melodien darüber hinzuzufügen.

Beispiel 9u kombiniert das abwechselnde Daumenmuster mit einer absteigenden Tonleiter auf der ersten Saite. Solche Phrasen sind die Grundlage für Klassiker wie Blind Willie Johnsons *Dark Was The Night, Cold Was The Ground*.

Beispiel 9u:

Diese Technik kann auch in Rhythmus-Gitarren-Patterns verwendet werden, wie im nächsten Beispiel gezeigt.

Halte den Wechselbass mit dem Daumen, aber füge nun die zweite und erste Saite auf den ersten bzw. zweiten Taktschlägen hinzu. Diese Akkorde werden mit einer kneifenden Bewegung zwischen Daumen und Zeigefinger gespielt.

Beispiel 9v:

Wenn du Noten auf dem Auftakt hinzufügst, kannst du etwas spielen, das spannend und komplex klingt, ohne viel harte Arbeit zu leisten.

Dieses Beispiel ist das gleiche wie das vorherige, fügt aber eine zusätzliche gezupfte Note auf dem „&" von Taktschlag 3 hinzu.

Beispiel 9w:

Diese Zupfmuster könnten fast unendlich erweitert werden, aber ich möchte nicht zu weit vom Thema abschweifen. Lass uns weitermachen, jetzt, wo du die Grundlagen in deinen Fingern hast.

Nun, da wir diese rhythmischen Zupfideen über einen Akkord beherrschen, widmen wir uns einigen Licks, die die Akkordwechsel des Blues umreißen.

Kapitel Zehn - Akkordwechsel

Wenn man in einer offenen Stimmung spielt, eignet sich die Gitarre natürlich zum Spielen in der Tonart der Stimmung – d. h. es ist sehr einfach, in der Tonart D auf einer Gitarre in Open D-Stimmung zu spielen. Natürlich bleiben Songs nicht für immer auf demselben Akkord, also müssen wir lernen, auch über andere Akkorde zu spielen und zu solieren. Die Überwindung dieser Hürde ist eine der größten Herausforderungen, auf die du in diesem Stil stoßen wirst.

Bevor wir mit dem Akkordwechsel beginnen, werfen wir einen kurzen Blick auf das Spielen in verschiedenen Tonarten. Zum Beispiel, wie nähern wir uns dem Spielen in der Tonart E, wenn die Gitarre auf ein offenes D gestimmt wurde? Stell dir vor, du gehst auf die Bühne und findest heraus, dass der Sänger nur in E singen kann und du keine Zeit hast, deine ganze Gitarre neu zu stimmen.

Eine Möglichkeit, sich dem Spielen in der Tonart E zu nähern, während es auf D eingestellt ist, ist einfach, die Perspektive zu verschieben, wo sich die „Grund"-Position befindet. E ist ein Ton (zwei Bünde) über D, was bedeutet, dass der Tonika-Akkord statt auf den offenen Saiten und dem 12. Bund nun im zweiten und dem vierzehnten Bund sein „Zuhause" hat.

Beispiel 10a:

Dieses Konzept eröffnet auch andere Möglichkeiten. Mit der Grundposition am zweiten Bund kannst du z.B. Noten unterhalb des Barrés spielen, auf die du vorher nicht zugreifen konntest. Wie das folgende Beispiel zeigt, führt dies zu einigen einzigartigen Ideen, die mit der Tonart D unmöglich wären.

Beispiel 10b:

Der Nachteil bei diesem Ansatz ist, dass alle Leersaiten-Licks, die du in deinem Repertoire hattest, jetzt nicht mehr verfügbar sind. In der Tonart D waren alle Leersaiten „starke" Noten, aber in der Tonart E sind sie „schwach". Nicht „falsch", denn technisch gesehen sind sie alle in der richtigen Tonart, klingen aber nicht so gut.

Es gibt jedoch eine einfache Lösung, und das ist die Verwendung eines Kapodasters. Das Platzieren eines Kapodasters am zweiten Bund bringt die gesamte Gitarre in die Tonart E und stellt alle offenen Licks, die du bereits gelernt hast, wieder zur Verfügung.

Beispiel 10c:

Hier ist Beispiel 7i, das jetzt aber mit einem Kapodaster am zweiten Bund gespielt wird, um den Lick von der Tonart D auf die Tonart E zu ändern.

In diesem Beispiel bedeutet das Hochschieben von zwölf Bünden mit dem Kapodaster am zweiten Bund, dass du tatsächlich am vierzehnten Bund spielst. Wenn du eine Resonatorgitarre spielst, bei der der Hals am zwölften Bund mit dem Korpus verbunden ist, kann das unangenehm sein, sodass du manchmal dein Vokabular entsprechend anpassen musst.

Beispiel 10d:

Abgesehen von den Tonartenänderungen wird der meiste Delta-Blues aus nur drei Akkorden gebildet, dem I, dem IV und dem V (D, G und A in der Tonart von D). Da jeder Akkord oft über einen längeren Zeitraum gespielt wird, können wir unser Denken anpassen, um jeden Akkord so zu behandeln, als ob er in einer anderen Tonart wäre.

Im Allgemeinen wird im Delta-Blues-Stil jeder Akkord so behandelt, als wäre es ein Dominant-7-Akkord.

Der einfachste Weg, mit diesen Akkordwechseln umzugehen, ist, die Stärke der offenen Stimmung zu nutzen und jeden Akkordwechsel als eine neue „Grund"-Position zu behandeln.

In Open D-Stimmung:

- Die offenen Saiten / zwölfter Bund-Barré bildet den (I)-Akkord, D-Dur

- Der fünfte Bund-Barré bildet den IV-Akkord, G-Dur

- Der siebter Bund-Barré bildet den V-Akkord, A-Dur

Beispiel 10e:

Das Schöne an diesem System ist, dass das Konzept des „Home-Barré-Akkords" für jeden Akkord perfekt funktioniert. Die Noten, die über die G-Dur- und A-Dur-Akkorde passen, bilden das gleiche Muster am Hals wie die D-Dur-Position, die wir ausführlich diskutiert haben. Dies kannst du in den folgenden Diagrammen sehen.

Das folgende Beispiel verwendet einen Lick auf dem D-Akkord für vier Takte. Dann geht er über in den G-Dur (IV)-Akkord, indem er sich am fünften Bund auf einen Barré-Akkord bewegt. Dies ist eine einfache Möglichkeit, den Akkordwechsel zu spielen und es funktioniert sehr gut.

Beispiel 10f:

Open D

Der gleiche Ansatz kann für die letzten vier Takte des Blues verwendet werden, um den V-Akkord (A-Dur) am siebten Bund und den IV-Akkord (G-Dur) am fünften Bund zu spielen, bevor er in die offene Position für den I-Akkord (D-Dur) zurückkehrt.

Beispiel 10g:

Im folgenden Beispiel habe ich einen einfachen melodischen Lick geschrieben, der sich zwischen A, G und D bewegt, mit dem einfachen Muster, das in Beispiel 10f dargestellt ist.

Beispiel 10g

Hier ist eine weitere Idee, die auf dem gleichen Konzept basiert. Solche Ideen werden oft verwendet und mögen ziemlich einfach erscheinen, aber sie sind äußerst effektiv darin, einem Solo- oder Rhythmuspart etwas Interessantes hinzuzufügen.

Beispiel 10g2

Dies ist ein gängiger Ansatz, um durch den Blues zu navigieren. In Kapitel dreizehn siehst du dieses Konzept im Beispielstück *Guitar Rag* für jeden Akkord, der nicht in der offenen Position gespielt wird.

Während das Verschieben von Positionen eine großartige Strategie ist, ist es wichtig, einige Einzel-Saiten- und Leersaiten-Optionen für die Akkordwechsel zur Verfügung zu haben.

Das folgende Beispiel spielt eine aufsteigende vermischte Tonleiter in D, dann die gleiche Idee in G am fünften Bund.

Beispiel 10h:

Probiere nun diesen Lick, der sich zwischen G-Dur und D-Dur bewegt und diese beiden Muster musikalischer nutzt.

Beispiel 10i:

Hier ist ein anderer Lick, der das gleiche Konzept einer Einzel-Saiten-Tonleiter für die G- und D-Akkorde verwendet.

Beispiel 10j:

Open D

Ein weiterer Vorteil, die Ausgangsposition jedes Akkords an verschiedenen Stellen auf dem Griffbrett zu sehen, ist, dass du hinter dem Slide Noten spielen kannst, die in offener Position unmöglich wären.

Im folgenden Beispiel spiele ich Noten hinter den G- und A-Barrés (am fünften und siebten Bund).

Beispiel 10k:

Open D

Fügen wir nun Noten um die Barré-Position auf anderen Saiten hinzu, wie in Kapitel fünf beschrieben.

Hier ist ein Lick, der sich auf G- und A-Akkorden wiederholt. Denke daran, dass diese Licks sehr logisch sind, wenn du die Position des Barré-Akkords als Ausgangspunkt siehst.

Beispiel 10l:

Open D

Im Rahmen eines Blues ist es möglich, einige melodische Ideen zu entwickeln, ohne viel Material zu gebrauchen. Diese Ideen funktionieren, weil jeder Akkord eng von der Melodie umgeben ist.

Beispiel 10m:

Mit diesen Ideen in den Fingern ist es an der Zeit, einige Soloideen für jeden Akkord in offener Position zu erkunden.

Das nächste Beispiel zeigt dir vier kurze offene Licks für G7 in Open D-Stimmung.

Beispiel 10n:

Natürlich solltest du dieses Konzept weiter erforschen, um deine eigene Sprache zu entwickeln. Hier ist das vollständige Halsdiagramm, das die Grundposition von G-Dur mit den Noten in der offenen Position zeigt.

Ich habe auch Noten weiter oben auf dem Griffbrett hinzugefügt, um dir zu helfen, den höheren Bereich des Halses zu erkunden. Starke Akkordtöne werden in Schwarz und die Spannungsnoten in Weiß dargestellt. Die Faustregel lautet normalerweise, von einer Spannungsnote zu einem starken Akkordton aufzulösen.

G7

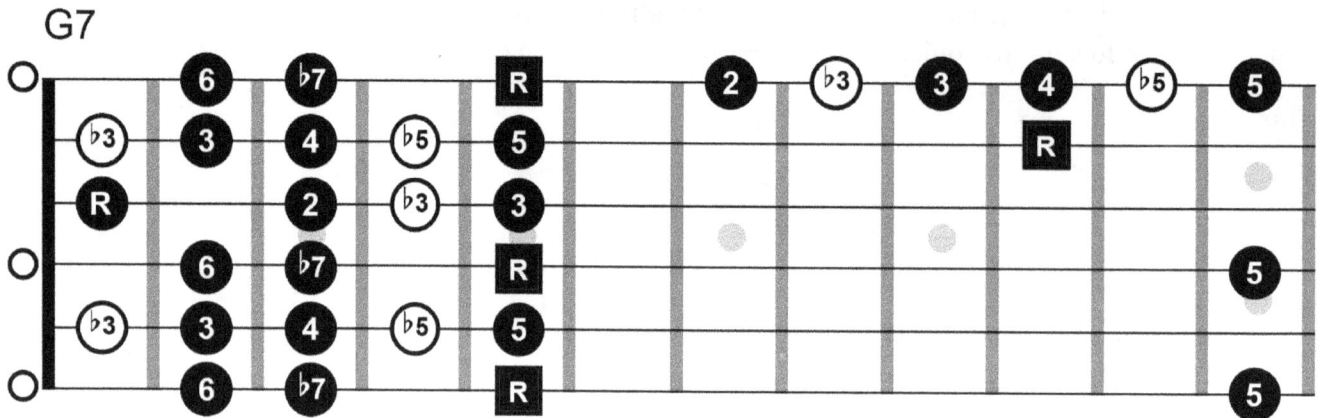

Hier sind nun einige Leersaiten-Licks für den V-Akkord (A7) in Open D-Stimmung. Der Grundton ist auf der zweiten Saite und diese Licks fokussieren ihre Melodien auf diesen Punkt.

Beispiel 10o:

Erforsche diese Idee noch einmal selbst, um eine persönliche musikalische Sprache zu entwickeln. Unten habe ich die Grundposition von A-Dur – diesmal am siebten und fünften Bund – herausgearbeitet und die verfügbaren Noten in der offenen Position hinzugefügt. Auch hier sind die weißen Noten Spannungsnoten, die in die schwarzen Akkordtöne aufgelöst werden sollten.

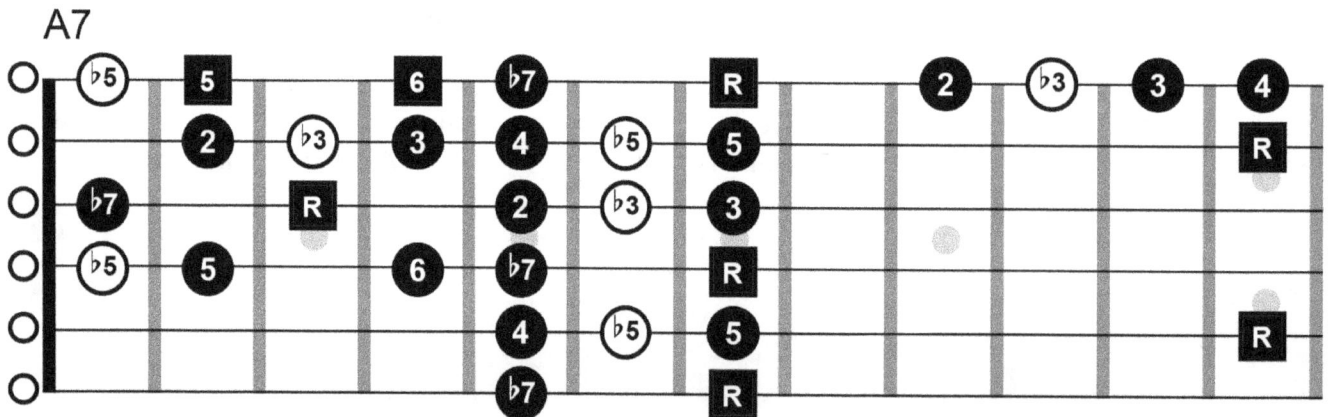

A7

Obwohl wir das Layout der besten Noten für D-Dur bereits zuvor dargestellt haben, habe ich sie alle in das folgende Diagramm aufgenommen, so dass alle Diagramme in einer Abbildung dargestellt sind.

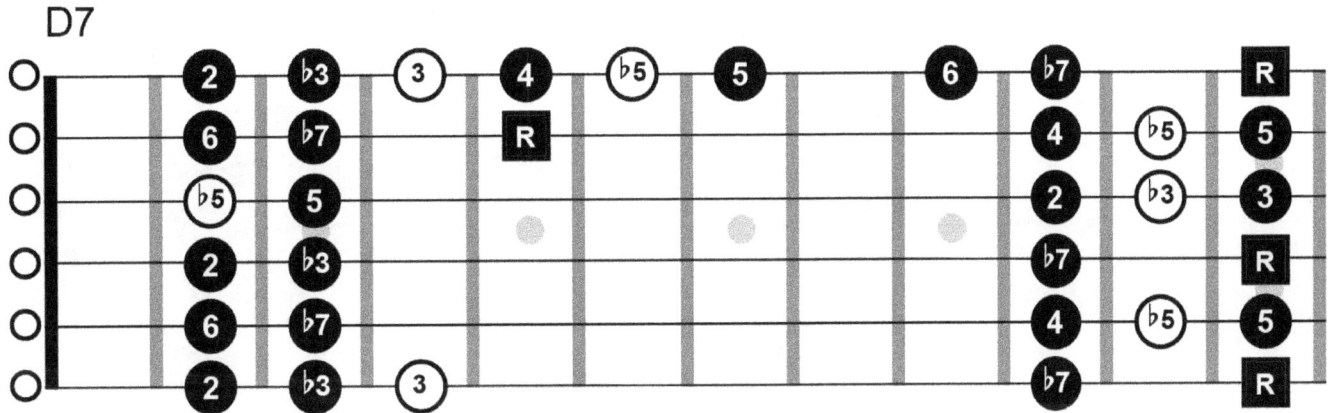

D7

Diese Positionen werden in den Solo-Kapiteln am Ende des Buches vollständig ausgeschöpft, also mache dich jetzt mit ihnen vertraut, da du sie später brauchen wirst!

Es ist wichtig, dass du verstehst, dass, wenn du in der Open D- oder Open G-Stimmung bist, der I-Akkord immer aus den Leersaiten gebildet wird, der IV-Akkord immer am fünften Bund gespielt wird und der V-Akkord immer am siebten Bund gespielt wird.

Um dir zu zeigen, was ich meine, lass uns anschauen, wie das in Open G-Stimmung funktioniert. Die I-, IV- und V-Akkorde in der Tonart G sind G-Dur, C-Dur und D-Dur.

Beispiel 10p:

Wir können dies weiter untersuchen, indem wir eine 12-taktige Blues-Idee untersuchen, die die Akkordwechsel umreißt, indem wir zwischen den offenen, fünften und siebten Bünden wechseln.

Beispiel 10q veranschaulicht eine riffbasierte Idee um die wichtige offene Position.

Beispiel 10q:

Beispiel 10r beginnt mit dem IV-Akkords (C) auf den fünften Bund, spielt dann einen Lick, der stark um diese Position herum basiert, bevor er sich wieder nach unten in die offene Position bewegt, um den Akkordwechsel zurück zu G zu spielen.

Beispiel 10r:

Der V-Akkord, D-Dur, wird am siebten Bund gespielt. Das folgende Beispiel beginnt wieder mit einer Barré-Akkordform auf Taktschlag Eins auf „Home" und schmückt es dann mit einem Riff aus, das das Box-Muster verwendet, das du inzwischen kennst.

Die letzten vier Takte bewegen sich durch die V-, IV- und I-Akkorde nach unten, bevor sie zum V-Akkord zurückkehren (dies wird als *Turnaround* bezeichnet). Beachte, wie die Akkordwechsel klar zu hören sind, indem du die Ausgangsposition auf jeden Akkord verschiebst.

Beispiel 10s:

Geh diesen Abschnitt langsam durch und achte wirklich auf diese Grundpositionen. Dies ist wichtig, wenn man lernt, die Akkorde beim Slide-Spielen fließend zu wechseln. Sobald du verstanden hast, dass das Spielen von Slide-Gitarre oft bedeutet, eine Barré-Position als Ausgangspunkt zu betrachten, wirst du viel schneller Licks und Muster lernen.

Kapitel Elf – Noten mit den Fingern greifen

Der Delta-Blues-Stil geht über das Spielen von Noten mit dem Slide hinaus. Du musst dich auch wohlfühlen, Noten mit den übrigen Fingern zu spielen, während du einen Slide trägst.

Ich trage meinen Slide auf meinem kleinen Finger, da er zu meiner speziellen Spielweise am besten passt, aber du kannst ihn auch auf dem Ringfinger verwenden. Experimentiere mit dem, was für dich am bequemsten ist, und arbeite die Beispiele in diesem Kapitel durch, um den besten Weg zu finden, sie auszuführen.

Eines der gängigsten Blues-Riffs lässt sich leicht mit nur einem Finger in offener Position in Open D- oder Open G-Stimmung spielen.

Verwende den Zeigefinger, um den gegriffenen Ton im ersten Beispiel zu spielen, während du den Slide auf deinem Finger der Wahl trägst. Dies kann entweder gerade oder mit einem Shuffle-Feeling gespielt werden.

Du wirst in der folgenden Tabulatur sehen, dass es keine Möglichkeit gibt, zu wissen, ob der gegriffene Ton mit dem Finger oder mit dem Slide gespielt wird. Leider ist dies einer der Nachteile der Musiknotation. Manchmal muss man nur den gesunden Menschenverstand und die Ohren benutzen, um herauszufinden, welche Noten mit den Fingern und welche mit dem Slide gegriffen werden.

Beispiel 11a:

Dieses Beispiel beginnt mit dem gleichen Blues-Riff und bewegt sich dann den Hals entlang nach oben, um eine Melodie mit dem Slide zu spielen.

Beispiel 11b:

Noch immer in Open D-Stimmung, probieren wir nun den Riff an einem G-Dur-Akkord aus. Das folgende Beispiel verwendet keinen Slide, aber du solltest ihn trotzdem tragen!

Beispiel 11c:

Open D

G7

Eine einfache Note, die man dem offenen D-Riff hinzufügen kann, ist das C im dritten Bund auf der fünften Saite. Das C ist die b7 von D und erzeugt einen bluesigen D7-Sound.

Beispiel 11d:

Open D

D7

Eine ähnliche Idee fügt etwas Bewegung zwischen den Akkorden I (D) und IV (G) hinzu. Spiele das D-Riff drei Takte lang und den D7-Sound in Takt vier. Dies hilft, die Akkordfolge zum G-Akkord in Takt fünf zu ziehen.

Beispiel 11e:

Open D

D   D7

G **D**

```
  5  5  7  7  5  5  7  7   5  5  7  7  5  5  7  7   0  0  2  2  0  0  2  2   0  0  2  2  3  3  2  2
  5  5  5  5  5  5  5  5   5  5  5  5  5  5  5  5   0  0  0  0  0  0  0  0   0  0  0  0  0  0  0  0
```

Fügen wir den V-Akkord (A) mit dem gleichen Muster am siebten Bund hinzu, um das Bluesschema zu vervollständigen.

Beispiel 11f:

Open D

D **D7**

```
  0  0  2  2  0  0  2  2   0  0  2  2  0  0  2  2   0  0  2  2  0  0  2  2   0  0  0  0  0  0  0  0  0  0  0  0
  0  0  0  0  0  0  0  0   0  0  0  0  0  0  0  0   0  0  0  0  0  0  0  0   3  3  3  3  3  3  3  3  3  3  3  3
```

G **D**

```
  5  5  7  7  5  5  7  7   5  5  7  7  5  5  7  7   0  0  2  2  0  0  2  2   0  0  2  2  3  3  2  2
  5  5  5  5  5  5  5  5   5  5  5  5  5  5  5  5   0  0  0  0  0  0  0  0   0  0  0  0  0  0  0  0
```

A **G** **D**

```
  7  7  9  9  7  7  9  9   5  5  7  7  5  5  7  7   0  0  2  2  0  0  2  2   0  0  2  2  3  3  2  2
  7  7  7  7  7  7  7  7   5  5  5  5  5  5  5  5   0  0  0  0  0  0  0  0   0  0  0  0  0  0  0  0
```

Es gibt viele Möglichkeiten, diese grundlegenden Riffs bluesig auszuschmücken. Hier ist ein weiteres Voicing, das anstelle des IV (G)-Akkords in den Takten fünf und sechs verwendet werden kann.

Dieses Voicing ist viel schwieriger zu spielen, da es den Einsatz von drei Fingern erfordert. Es ist eines, bei dem der Slide praktischerweise auf dem kleinen Finger getragen werden sollte!

Beispiel 11g:

Open D

Hier ist ein Drei-Finger-Voicing, mit dem du den V-Akkord (A-Dur) in Open D-Stimmung spielen kannst. Denke daran, dass du immer noch deinen Slide tragen solltest!

Beispiel 11h:

Open D

Wir können die freien Finger benutzen, um einzelne Noten in offener Position zu spielen, wie dieser Riff zeigt, der vom *Death Letter Blues* inspiriert ist.

Beispiel 11i:

Wir können auch gegriffene Noten verwenden, um einen typischen Blues-Turnaround zu spielen, wie der folgende *Crossroads*-inspirierte Lick zeigt.

Bewege dich mit dem Zeigefinger der greifenden Hand chromatisch auf der fünften Saite nach unten, bevor du den Slide zum V-Akkord (A) auf dem siebten Bund hochschiebst.

Beispiel 11j:

Das nächste Beispiel hat ein ähnliches Muster, aber es wird die zweite Saite zum Triolenteil hinzufügt und absteigende Viertelnoten im Bass gespielt. Solche Turnarounds waren im Spiel von Robert Johnson sehr verbreitet.

Beispiel 11k:

Je nachdem, in welcher Stimmung du dich befindest, kann dieses gleiche Muster an anderer Stelle genutzt werden. In Open D-Stimmung werden sowohl die fünfte als auch die zweite Saite auf A gestimmt, so dass die absteigende Bassnote, die auf der fünften Saite gespielt wurde, für einen alternativen Ansatz auf die zweite Saite übertragen werden kann.

Beispiel 11l:

Doppelgriffe sind auch eine gute Möglichkeit, deinem Spiel etwas Abwechslung zu verleihen. Sie klingen großartig, wenn du den Slide für Fills hinzufügst.

Um diese Sext-Intervalle zu spielen, musst du den Zeige- und Mittelfinger der greifenden Hand verwenden und den Slide aus dem Spiel halten.

Beispiel 11m:

Open D

Diese Idee kann auch angepasst werden, um dir zu helfen, interessantere Turnaround-Licks zu spielen, diesmal mit absteigender Sexte auf der dritten und fünften Saite.

Beispiel 11n:

Open D

Das Spielen dieser Sext-Intervalle kann schwierig sein, da sich die Notenmuster ändern, wenn du dich auf dem Griffbrett nach oben bewegst. Oktaven sind eine einfachere Option für den aufstrebenden Slide-Gitarristen. Da die erste und vierte Saite auf D und die zweite und fünfte Saite auf A gestimmt sind, kannst du mit zwei Noten auf dem gleichen Bund auf diesen Saiten eine Oktave leicht spielen.

Beispiel 11k zeigt diese Muster auf beiden Saiten. Wie im vorherigen Beispiel, verwende den Zeige- und Mittelfinger, um sie zu greifen.

Beispiel 11o:

Du kannst auch Oktaven zwischen der vierten und sechsten Saite spielen. Spiele den folgenden Lick, um die Saitenwechsel beim Spielen von Oktaven zu meistern.

Beispiel 11p:

Eine letzte Fertigkeit ist das Spielen von Einzelnoten-Melodien mit Techniken wie Hammer-Ons und Pull-Offs. Es ist zwar möglich, diese mit einem Slide zu spielen, aber wenn du diese Noten normal greifst, erhältst du immer eine genaue Intonation und kannst sauberere Noten spielen, da das Spielen mit dem Slide benachbarte Saiten zum Klingen bringen kann.

Der folgende Lick klingt etwas sauberer, wenn du mit dem Zeigefinger der greifenden Hand und nicht mit dem Slide auf dem 2. Bund einen Hammer-On machst. Der Slide wird dann verwendet, um ein bluesiges Bending auf der vierten Saite zu spielen.

Beispiel 11q:

Die Möglichkeiten sind hier wirklich endlos und gehen weit über den Rahmen eines Buches hinaus, das sich auf das Delta-Blues-Slide-Spiel konzentriert. Beim Spielen von Slide-Blues geht es darum, dass der Slide zu einer Erweiterung deines Körpers wird. Ein großer Teil davon ist das Erlernen des selbständigen Bewegens der Finger beim Tragen des Slides.

Es lohnt sich, alle Ressourcen zum Spielen von Fingerstyle-Blues zu nutzen und zu lernen, die Licks und Phrasen in der von dir gewählten Stimmung zu spielen, während du den Slide trägst. Die Entwicklung dieser Fertigkeiten ist gut investierte Zeit, da du den Slide dazu bringst, zu deinem Blues-Vokabular beizutragen, anstatt es einzuschränken.

Kapitel Zwölf – Solo Blues

Wenn du alle grundlegenden Delta-Techniken verstanden hast, gibt es keine bessere Möglichkeit, fließend zu üben, als ein komplettes Solo zu lernen.

Ich habe dieses Stück in Open G-Stimmung komponiert, so dass du sehen kannst, wie ähnlich diese Tunings sind. Owohl Open D-Stimmung eine Menge Spaß machen kann, kann der tief klingende I-Akkord etwas langweilig klingen. Open G-Stimmung bringt eine schöne Abwechslung, da der I-Akkord jetzt um eine Quarte höher ist und du die Noten im Box-Muster unterhalb des Akkords hast.

Hier ist ein vollständiges Griffbild der Noten in Open G-Stimmung, das ihre Beziehung zum Tonika G-Dur-Akkord zeigt. Diese Karte kombiniert die Noten des G-Mixolydischen-Modus (G A B C D E F) und der G-Blues-Tonleiter (G Bb C Db D F), um eine gemischte Blues-Tonleiter zu erzeugen, die aus den Intervallen R 2 b3 3 4 b5 5 6 b7 besteht.

Open G

Obwohl dieses Diagramm viele Noten enthält, denke daran, dass der größte Teil deines Spiels auf der Grundposition von G-Dur am zwölften Bund und den Noten darunter auf dem zehnten Bund basiert. Die anderen Noten liefern Farbe oder Spannung, um interessantere Melodien zu erzeugen.

Noten wie die b3 und b5 sollten als Durchgangsnoten verwendet und zu stärkeren Noten aufgelöst werden. Im folgenden Stück erreichst du ein flüssigeres Spiel, wenn du dich auf die G-Dur-Pentatonik-Tonleiter (1 2 3 5 6) konzentrierst.

Open G - G Major Pentatonic

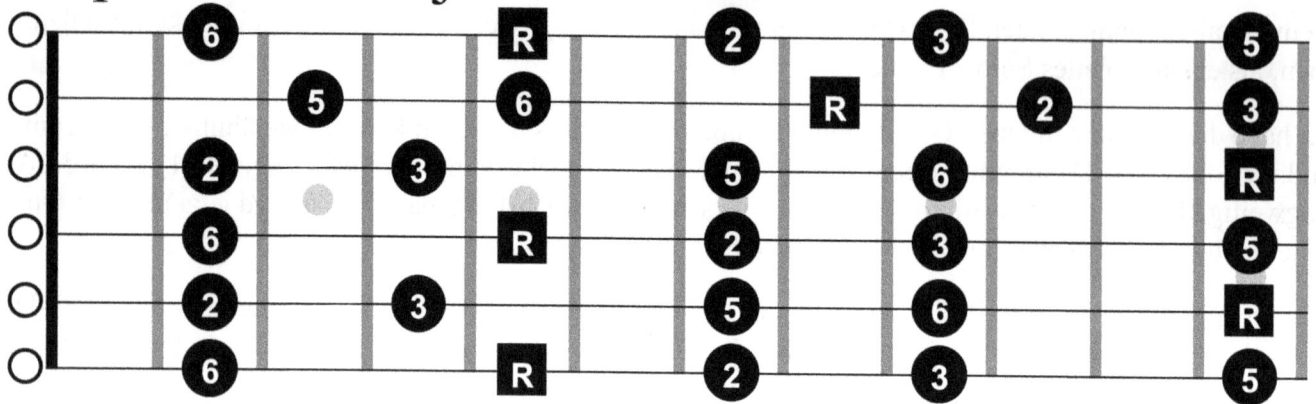

Blues Solo-Analyse

Lerne die folgenden Abschnitte einzeln, bevor du sie zu einem kompletten Stück zusammenfügst.

Die ersten vier Takte umreißen alle einen G-Dur-Akkord mit einem Barré am zwölften Bund und der erste Lick dient als Intro in die Zwölftaktform. Um den Klang bluesig zu machen, bewege die Doppelgriff-Slides in Takt drei ganz langsam.

Beispiel 12a:

Die nächsten vier Takte vervollständigen das Intro, indem sie den V-Akkord (D-Dur) und dann einen klassischen Turnaround spielen, um dich in den Song zu bringen.

In den ersten beiden Takten spiele mit dem Finger den ersten Bund auf der zweiten Saite und hämmere von der offenen vierten Saite zum zweiten Bund.

Der Turnaround-Lick kann schwierig zu spielen sein, da er Finger erfordert, um Noten zu greifen, während sich die oberen und unteren Noten in verschiedene Richtungen bewegen. Nach dem Spielen des offenen G-Dur-Akkords in Takt drei steigen die Noten auf der vierten Saite chromatisch vom dritten Bund ab, während die Noten auf der zweiten Saite chromatisch von der Leersaite aufsteigen.

Beispiel 12b:

Der nächste Riff bildet eine sich wiederholende Figur, die den ersten Chorus definiert und etwas Geduld erfordert, um perfektioniert zu werden. Der Slide auf der sechsten Saite und die offenen Doppelgriffe werden idealerweise mit einem Daumen-Plektrum gespielt, während die anderen Noten mit den Fingern gespielt werden.

Die Noten mit nach unten gerichteten Notenhälsen zeigen an, dass die Bassnoten mit dem Daumen gespielt werden sollten. Die mit nach oben gerichteten Hälsen sollten mit den Fingern gespielt werden.

Lerne dieses Beispiel extrem langsam, bis es sich mühelos anfühlt, denn ein echter Delta-Blues-Gitarrist könnte singen, während er einen solchen Gitarrenpart spielt.

Beispiel 12c:

Die folgenden beiden Takte setzen das gleiche Feeling mit einem sich wiederholenden Doppelgriff fort, der vom Daumen gespielt wird, während sie die Melodie ein wenig verändern und zum zwölften Bund gesliedet wird.

Der letzte Barré hier kann knifflig sein, da man die offenen Saiten klingen lassen muss, während man den Doppelgriff mit dem Slide spielt *und* Vibrato hinzufügt. Der Schlussakkord deutet einen F-Dur-Dreiklang über einen G-Bass an, der einen G7-Sound erzeugt.

Beispiel 12d:

Obwohl zu erwarten ist, dass die nächsten beiden Takte auf dem IV (C-Dur) ruhen, findet eine leichte Variation in der Sequenz statt, bei der der C-Dur-Akkord nach oben zu Es-Dur im zweiten Takt verschoben wird. Dies erzeugt eine bluesige Spannung, die die Sequenz zurück zum I-Akkord zieht.

Die Noten in Taktschlag 3 des ersten Taktes sollten gegriffen werden, während der vierte Taktschlag mit dem Slide gespielt wird.

Wenn sich der Song wieder auf den G-Akkord bewegt, verwende den Daumen, um auf den Doppelgriff zu spielen und den Groove zu halten.

Beispiel 12e:

Das Spielen auf dem V-Akkord (D-Dur) wird durch den Übergang zum siebten Bund erreicht, wo eine Melodie in Oktaven auf der ersten und vierten Saite den Akkord ausschmückt.

Wir bewegen uns dann einen Ton hinunter zum fünften Bund, um den IV-Akkord (C-Dur) zu skizzieren, bevor wir mit einem Turnaround-Lick enden, der ohne Slide gespielt wird. Der Slide wird für den Schlussakkord am siebten Bund verwendet.

Beispiel 12f:

Beim zweiten Durchgang durch die Sequenz werden die Dinge ein wenig mit einem Leersaiten-Riff vermischt, den man mit den Fingern greifen sollte, und Melodien mit dem Slide für Variationen hinzugefügt. Alle Doppelgriffe werden mit dem Finger gegriffen und die Melodien der Einzelnoten werden mit dem Slide gespielt.

Beispiel 12g:

Auf dem IV-Akkord (C-Dur) bewegt sich der gegriffene Riff bis zum fünften Bund, was erfordert, dass du mit dem Zeigefinger einen Zwei-Bund-Barré hältst und mit einem zusätzlichen Finger im siebten Bund spielst. (Weil ich den Slide auf meinen kleinen Finger lege, benutze ich meinen Ringfinger, aber jeder verfügbare Finger würde funktionieren).

Der Slide wird wieder verwendet, um Melodien mit einzelnen Noten hinzuzufügen, um den Riff auszuschmücken.

Beispiel 12h:

Der letzte Teil dieses Solos setzt die Idee der gegriffenen Akkorde in Kombination mit Single-Note-Melodien fort, die mit dem Slide gespielt werden.

Um den D-Dur-Akkord zu skizzieren, wurde ein offener C-Dur-Akkord um zwei Bünde nach oben verschoben. Dies gibt uns immer noch die D- und F#-Noten, aber mit einer zusätzlichen offenen G-Saite und führt zu einem bunteren Dadd11-Akkord.

Das Solo endet mit der gleichen Turnaround-Idee aus dem Intro, die nun in den I-Akkord (G-Dur) am zwölften Bund übergeht. Wenn man so auf dem I-Akkord endet, entsteht das Gefühl, dass das Musikstück zu Ende ist.

Beispiel 12i:

Sobald du dieses ganze Stück beherrschst, wirst du ein Gefühl dafür haben, wie du einen zwölftaktigen Blues im Delta-Stil spielst. Es gibt eine feste Akkordfolge, die verfolgt wird, und solange du weißt, wo du dich in der Akkordfolge befindest, kannst du großartige Musik spielen.

Mit der Struktur des Blues im Hinterkopf, könntest du absolut jeden Lick aus diesem Buch auswählen und ihn anstelle der Licks verwenden, die im Blues gespielt wurden.

Nichts ist in Stein gemeißelt. Bei der Delta-Slide-Gitarre geht es darum, dich selbst auszudrücken, also experimentiere und füge die Licks und Linien, die dir gefallen in das Stück ein. Schreibe deine eigenen Soli und entdecke die musikalische Stimme, die du in dir hast.

Kapitel Dreizehn – Blues Rag

Am Anfang der Slide-Gitarrenbewegung stand der *Guitar Rag*. Ähnlich wie der zwölftaktige Blues ist der Rag eine gängige Akkordfolge, die in der alten Bluesmusik verwendet wird. Diese Melodie beinhaltet eine mit Daumen gezupfte wechselnde Basslinie im Country-Style, also achte auf die Richtungen der Notenhälse, damit du weißt, was mit dem Daumen gespielt werden soll, und was mit den Fingern gezupft werden soll.

Für „Blues Rag" habe ich zwei vollständige Durchgänge der Sequenz komponiert und am Ende weitere acht Takte hinzugefügt. Der Song wird hier abschnittsweise präsentiert, aber wenn du mit jedem Abschnitt vertraut bist, solltest du ihn als ein komplettes Stück spielen, wie es im Audio-Download zu hören ist.

Während der zwölftaktige Blues im vorherigen Kapitel nur die I-, IV- und V-Akkorde enthielt, fügt die Ragtime-Sequenz auch den II-Akkord (E) für einige zusätzliche Bewegungen hinzu und zeigt einen frühen Jazz-Einfluss.

Die ersten acht Takte der Sequenz basieren überwiegend auf dem Tonika-Akkord von D, obwohl es in Takt sechs einen schnellen Wechsel zum V-Akkord (A) gibt, der eine kleine Bewegung erzeugt, ohne die Melodie zu beeinflussen.

Spiele während der ersten vier Takte den Hammer-On mit dem Zeigefinger und wechsle dann zum Slide für die anhaltenden Noten auf der ersten Saite.

Wenn sich der Akkord auf A-Dur in Takt sechs bewegt, werden die Oktaven mit dem ersten und zweiten Finger gegriffen, bevor der Slide in Takt sieben als Bend auf dem dritten Bund zum Einsatz kommt.

Der wichtigste Teil des Songs ist immer die Melodie, also spiele die höheren Töne etwas lauter als den Daumenteil, damit sie deutlich klingen.

Beispiel 13a:

Beispiel 13b:

Bevor du den nächsten Abschnitt als Komplettteil angehst, lohnt es sich, dich mit der Akkordbewegung auseinanderzusetzen.

Für diesen gesamten Abschnitt erstreckt sich der Slide über alle sechs Saiten, während er sich von Akkord zu Akkord bewegt. Die Akkordfolge ist G-Dur, D-Dur, E-Dur, A-Dur (IV I II V). Die authentischste Art, dies zu spielen, ist, die Noten klingen zu lassen und ein weiches Vibrato hinzuzufügen, um die Intonation zu unterstützen.

Übe die isolierte Basslinie, bevor du weitermachst.

Wenn du den treibenden Bassteil spielst, kannst du den Slide nicht wirklich bewegen, um die Melodie zu spielen, so dass alle Melodienoten unter den Slide fallen müssen.

Wenn der Akkord auf das Open D wechselt, ist der Slide plötzlich frei, um der ersten Saite etwas mehr Melodie hinzuzufügen.

Am Ende der Sequenz bewegt sich der Slide mit dem letzten Schlag vom siebten bis sechsten Bund nach unten. Diese Melodie verbindet sich mit dem G-Dur-Akkord am fünften Bund auf der Wiederholung.

Beispiel 13c:

Der nächste Teil der Melodie ähnelt dem vorherigen Abschnitt, diesmal von E-Dur zu A-Dur, dann bis zu D-Dur in den letzten vier Takten.

Dies ist eine gute Lösung, da die Melodie auf dem Griffbrett hinaufwandern kann, während sich der Bassteil zu den offenen Saiten hinunterbewegt.

Beispiel 13d:

Im Wesentlichen ist das alles, was die Melodie ausmacht, aber das ist die Schönheit eines unkomplizierten Songs – es ist möglich, die Melodie endlos zu erforschen und Variationen zu erstellen, die hinzugefügt werden können, um die Musik zu entwickeln.

Hier ist eine anspruchsvollere Version der ersten acht Takte des Stückes.

Beispiel 13e:

Hier ist eine verschönerte Version des folgenden Abschnitts, diesmal mit einem Leersaiten-Lick im dritten Takt und einem Slide in den E-Akkord im fünften Takt.

Du kannst absolut jeden Lick in Takt Drei spielen; es geht darum, etwas Interessantes hinzuzufügen, um den Zuhörer in den D-Akkord zu führen. Alles andere ist unter dem Slide.

Beispiel 13f:

Hier ist ein viel kniffligerer Lick am D-Akkord im nächsten Abschnitt. Der Lick beginnt mit dem Slide, spielt dann aber drei Noten, die mit den Fingern gegriffen werden, bevor er die Leersaiten spielt und bis zum zwölften Bund slidet. Es wird einige Zeit dauern, bis sich das natürlich anfühlt, aber es ist ein perfektes Beispiel dafür, was mit dem Slide und den Fingern zusammen erreicht werden kann.

Beispiel 13g:

Open D

Nachdem zwei kompletten Durchläufen habe ich die Performance mit einem letzten Durchlauf durch die ersten acht Takte beendet, mit einer leichten Variation der Melodie. Verlangsame das Stück allmählich, wenn du zum Ende kommst, um ein Gefühl des Abschlusses zu bekommen. Hör dir das Audiobeispiel an, um zu hören, wie es klingen soll.

Beispiel 13h:

Open D

Sich von hier aus weiterzuentwickeln ist nur eine Sache von Zuhören, Kopieren und Experimentieren.

Höre dir so viele Aufnahmen und Videos von Leuten, die diese Songform spielen an, wie du finden kannst (jedoch nicht den Merle Travis *Cannonball Rag*, der oft bei der Suche auftaucht!)

Je vertrauter du mit dem Stil bist, desto fließender wirst du deine eigenen Licks und Phrasen zur Musik hinzufügen. Nutze jede Gelegenheit, um der Melodie deinen eigenen Stempel aufzudrücken, dich auszudrücken und die Musik zu spielen, die du hören möchtest.

Viel Glück!

Schluss

Du solltest jetzt auf dem besten Weg sein, ein solides Verständnis für die wilde Welt des Delta-Blues-Slide-Spiels zu haben.

Aber wie bei jedem Buch wie diesem ist man noch lange nicht am Ende der Reise angelangt. Tatsächlich hast du gerade erst angefangen und du hast noch einen langen Weg vor dir, bis du dich in diesem Genre wie zu Hause fühlst. Das Faszinierende an dieser Spielweise ist, wie schwer es ist, authentisch nachzuahmen. Die Leute, die diese Musik gespielt haben, wussten wirklich nicht viel über Musiktheorie, also ist es ein Stil, der mehr durch *Zuhören* und *Ausprobieren* gelernt wird.

Man braucht sich nur ein paar Aufnahmen von Son House oder Bukka White anzuhören, um zu hören, dass dies ein Genre ist, das einfach und komplex zugleich sein kann. In der Regel handelt es sich dabei um einen individuellen Stil. Jeder Gitarrist hatte seinen eigenen Ansatz, um die Saiten anzuschlagen. Einige Delta-Blues-Männer waren präzise Fingerstyle-Gitarristen, während andere wild und perkussiv waren. Son House war so aggressiv, dass er seine Gitarre wie eine Trommel behandelt hatte. Bukka White schlug mit seinem Arm beim Anschlagen wie wild von Steg zu Sattel. Man kann etwas über die dynamische „Wut" sagen, zu der diese Legenden fähig waren, auch wenn sie sich weniger um Dinge wie Struktur und Harmonie kümmerten!

Die zwölftaktige Form war zu diesem Zeitpunkt noch lange nicht etabliert. Die Akkorde folgten tendenziell dem Gesang, wohin er auch führte. Es ist nicht ungewöhnlich, jemanden zehn Takte lang auf dem I-Akkord sitzen zu hören, dann zum IV-Akkord für drei Takte zu gehen, dann zurück zum I. Der Schlüssel ist Hören. Höre, höre und höre und wenn du fertig bist, höre noch ein wenig mehr. Der effektivste Weg, um eine Sprache sprechen zu lernen, ist, sie im Kontext zu hören.

Man muss diese Musik hören, um sie wirklich zu verstehen, sonst fällt man bei den Puristen wie ein bunter Hund auf. Glücklicherweise stammt der Großteil dieser Musik aus den 20er und 30er Jahren und ist leicht online auf Seiten wie YouTube oder Spotify zu finden. Du wirst CDs für wenig Geld erwerben können und die Second-Hand-Läden sind voll davon. Es gibt keine Entschuldigung dafür, sich zu drücken, auch wenn es sich nur um eine billige Compilation-CD handelt (eine Rarität im Jahr 2018!).

Um dir den Einstieg zu erleichtern, sind hier einige Empfehlungen von Künstlern und Alben, die du dir anhören kannst. Die meisten der Namen gehen auf eine Zeit vor dem traditionellen Albumformat zurück, viele werden also Zusammenstellungen von Singles sein, die sie zu ihrer Zeit veröffentlicht haben.

- Sylvester Weaver – Complete Recorded Works in Chronological Order Volume 1

- Robert Johnson – The Complete Recordings

- Son House – Son House Library of Congress Recordings 1941 – 1942

- Bukka White – High Fever Blues: The Complete 1930 – 1940 Recordings

- Blind Willie Johnson – The Spiritual Blues

- Blind Willie McTell – King Of The Serpent Blues

- Tampa Red – You Can't Get That Stuff No More

- Charley Patton – The Definitive Charley Patton

- Blind Boy Fuller – Get Your Yas Yas Out

- Leadbelly – The Very Best of Leadbelly

- Elmore James – The Sky Is Crying

- Muddy Waters – The Chess Singles Collection

- Lightnin' Hopkins – Dirty House Blues

Wenn man den Sound tief in der Seele hat, dreht sich alles um das Experimentieren. Selten gibt es etwas so Kompliziertes, dass man es nicht mit einer kleinen Erkundung herausfinden kann. Je länger du spielst, desto mehr wirst du eine Verbindung zwischen deinen Fingern und deinem Gehör entwickeln, und dann wirst du wirklich vorankommen!

Wenn alles andere scheitert, kannst du immer noch zur Kreuzung *(Crossroads)* gehen und einen Deal abschließen ...

Viel Glück!

Levi

www.ingramcontent.com/pod-product-compliance
Lightning Source LLC
Chambersburg PA
CBHW081432090426
42740CB00017B/3275